W0207865

Né en 1959 dans le Nord de la France, Christian Wasselin se partage entre la fiction et la musicographie. Collaborateur du magazine *Opéra international* et rédacteur en chef du journal en ligne des concerts de Radio France, il est l'auteur du livre-disque *Hector Berlioz* paru chez Gallimard (1998) et du livret de l'opéra de Gérard Condé les *Orages désirés*. Il a par ailleurs co-dirigé le Cahier de l'Herne consacré à Berlioz. Il pratique aussi le roman (*Rue du Bois de la lune*, Aléas) et la fiction radiophonique (la *Ville inoubliée*, France Culture).

*Remerciements à Gérard Condé ; à Sabine de La Grève et à Pierre-René Serna également, pour leurs pertinents avis.*

*Tous droits de traduction et d'adaptation réservés pour tous pays*
*© Gallimard 1989*

*1er dépôt légal : février 1989*
*Dépôt légal : décembre 2002*
*Numéro d'édition : 10860*
*ISBN : 2-07-076522-9*
*Imprimé par Kapp, France*

# BERLIOZ
## LES DEUX AILES DE L'ÂME

Christian Wasselin

DÉCOUVERTES GALLIMARD
ARTS

Ce petit garçon silencieux que son père tient par la main en ce jour de novembre 1811 est déjà un enfant du siècle. Dernière année faste de l'Empire, 1811 précède la débâcle de Russie et suit de deux ans l'ultime grande victoire napoléonienne, Wagram. Mais 1811 voit aussi la fermeture d'un séminaire : celui de La Côte-Saint-André, dans l'Isère.

CHAPITRE PREMIER

# L'ÉVEIL DES PASSIONS

« Conçus entre deux batailles, élevés dans les collèges aux roulements des tambours, des milliers d'enfants se regardaient entre eux d'un œil sombre en essayant leurs muscles chétifs. »
Alfred de Musset,
*la Confession d'un enfant du siècle*

Aujourd'hui encore, La Côte-Saint-André, petite ville située dans la plaine de la Bièvre, à mi-chemin de Lyon et de Grenoble, compte moins de cinq mille habitants. Elle possède quelques richesses : une église du XIe siècle, un château Louis XI et surtout de magnifiques halles en bois du XIIIe siècle où jadis tisserands et merciers venaient procéder à leurs échanges commerciaux. De nos jours, on y donne régulièrement des concerts.

## Ce jeune Côtois de huit ans à peine est pensionnaire du séminaire impérial. Il s'appelle Hector Berlioz

Comme tous les autres, l'enfant doit quitter les bâtiments gris et austères dans lesquels il est entré en 1809. Ces quelques années passées dans la légende de l'Empereur, celui dont l'épopée fracassante parvient en murmures étouffés aux oreilles délicates des jeunes enfants des provinces de France, le marqueront pour la vie.

Hector Berlioz est né le 19 frimaire de l'an XII, soit le 11 décembre 1803, un an avant le couronnement de Napoléon Ier, deux ans avant la bataille d'Austerlitz. En 1803, Chateaubriand vient de publier son *Génie du christianisme* ; en Allemagne, Beethoven achève sa *Symphonie héroïque*. Si les temps sont agités, l'époque est féconde en chefs-d'œuvre de toute espèce : l'Europe est à un moment clef de son histoire.

Hector est l'aîné d'une famille de six enfants. Sa sœur Nanci naîtra en 1806 ; mais sa préférée restera toujours Adèle, née en 1814. Deux autres enfants, Virginie et Félix, mourront en bas âge. Un dernier frère, Prosper, naîtra en 1820.

En 1811, donc, Louis Berlioz ramène son fils Hector chez lui. Cet homme de trente-cinq ans est médecin. Affable et obligeant, il honore ses fonctions «en les remplissant de la façon la plus désintéressée, en

“ Une de mes tantes [...], la tête pleine des idées «libérales» de ma mère, me fit un jour une stupéfiante réponse. Discutant avec elle, j'en étais venu à lui dire : «A vous entendre, chère tante, vous seriez fâchée, je crois, que Racine fût de votre famille ? – Eh ! mon ami... La considération avant tout» ! ”

Hector Berlioz, *Mémoires*

Notable de province et humaniste généreux, le père de Berlioz (à droite) incarne les idéaux du XVIIIe siècle

bienfaiteur des pauvres et des paysans, plutôt qu'en homme obligé de vivre de son état», témoignera le fils. Il se fera connaître en publiant un traité d'acupuncture. Louis Berlioz a épousé en 1802 Joséphine Marmion, fille d'avocat et sœur d'un soldat de l'Empire.

## Lumières contre obscurantisme

Le contraste entre le père et la mère du jeune Hector est en effet saisissant. Le docteur, comme le décrira son fils,

« Alors il s'assit sur un monde en ruines une jeunesse soucieuse. Tous ces enfants [...] avaient dans la tête tout un monde ; ils regardaient la terre, le ciel, les rues et les chemins ; tout cela était vide, et les cloches de leurs paroisses résonnaient seules dans le lointain. »

Alfred de Musset, *la Confession d'un enfant du siècle*

«est doué d'un esprit libre. C'est dire qu'il n'a aucun préjugé social, politique ni religieux». C'est avant tout un homme qui croit en la vertu de la science et de l'intelligence, digne héritier du siècle des Lumières dont il partage les aspirations généreuses. L'amour qu'il a de son métier ne l'empêche pas de posséder une vaste culture humaniste, qui sera d'une influence très heureuse sur son fils.

Or, Louis, cette nature humble et scrupuleuse, est l'époux d'une jeune femme «grande, svelte, blonde et fort dévote» – selon Adolphe Boschot, le biographe du futur musicien – qui est loin de partager son altruisme et sa pondération. Mme Berlioz en effet, femme de rigueur et de convictions, fatigue son mari par un certain nombre d'idées préconçues qui font d'elle une exaltée. Autant Hector cherchera longtemps la compréhension attentive de son père, autant il se heurtera très vite aux opinions toutes faites et au ton péremptoire de sa mère. Le docteur feindra d'ailleurs de se soumettre, exhortant en vain son fils à l'imiter, afin de ne point se perdre en inutiles querelles et de pouvoir travailler en paix.

« Les enfants restant ainsi en relations exclusives avec leurs parents, leurs serviteurs et de jeunes amis choisis, ne s'accoutument point de bonne heure au rude contact des aspérités sociales; le monde et la vie réelle demeurent pour eux des livres fermés; et je sais à n'en pouvoir douter que je suis resté à cet égard enfant ignorant et gauche jusqu'à l'âge de vingt-cinq ans. »

Hector Berlioz, *Mémoires*

## De son père, Hector héritera l'amour des livres, de la poésie, de la nature et de la géographie

Surtout, le docteur fera de son fils un esprit en perpétuel éveil. De sa mère, Hector aura parfois certaines positions crispées sur les questions qui lui tiennent à cœur; il lui devra aussi une constitution fragile et nerveuse, un dédain envers tout compromis, une propension à s'exalter – mais pour ce qu'il y a de plus beau : la musique.

Le séminaire de La Côte-Saint-André tient autant du collège que de la caserne. On y est dressé au son du tambour dans la dévotion la plus soumise à Napoléon : «Honorer et servir notre Empereur, c'est honorer et servir Dieu lui-même.» Aussi la fermeture de cet établissement à la vocation religieuse par trop affirmée – Napoléon veut lutter contre la trop grande influence de l'Eglise romaine – est-elle une première défaite pour Mme Berlioz.

**Le docteur, c'était son vœu secret, prend alors en main l'éducation de son fils**

C'est ainsi que le jeune Berlioz, pendant une dizaine d'années, reçoit l'enseignement d'un seul homme qui, sensible et lettré, allie les qualités du précepteur à celles du père. Procédant avec une «patience infatigable» et un «soin minutieux et intelligent» à cette double tâche, le docteur applique les principes énoncés par Jean-Jacques Rousseau dans *l'Emile :* le petit enfant peut grandir sans pour autant se pervertir au contact des humains, sans non plus oublier les vertus qui font de lui un homme naturel.

Il gardera toute sa vie la nostalgie la plus aiguë, et la plus féconde, de ces années d'initiation. Nombre de ses œuvres futures, marquées du souvenir douloureux de l'enfance perdue, exprimeront le regret d'un monde pastoral et serein où l'homme n'aspire qu'à retrouver un bonheur pacifié.

Âme sensible et aristocratique dans l'esprit du XVIIIe siècle, à l'instar de la solitude intransigeante et fière d'un J.- J. Rousseau, Berlioz choisira toujours la noblesse du geste et le culte des passions contre les prétentions vaines de la position sociale et de l'argent.

**La nature apaisante sera pour Berlioz jumelle de l'enfance**

On mesure son émotion au sortir des murs tristes et des cours sombres du séminaire, lorsqu'il est rendu tout à coup au grand air et à la vive lumière de son Dauphiné natal.

«La Côte-Saint-André, son nom l'indique, est bâtie sur le versant d'une colline et domine une assez vaste plaine, riche, dorée, verdoyante, dont le silence a je ne sais quelle majesté rêveuse, encore augmentée par la ceinture de montagnes qui la borne au sud et à l'est, et derrière laquelle se dressent au loin, chargés de glaciers, les pics gigantesques des Alpes.»

Fidèle à ses premiers émois poétiques (ci-dessus, la Didon de l'*Enéide* à l'agonie) et aux romances dans le goût du temps qui touchèrent sa sensibilité d'enfant et qu'il essaya d'abord d'imiter, Berlioz écrira toute sa vie des mélodies, au total une cinquantaine environ. Certaines d'entre elles seront pourvues d'un accompagnement d'orchestre qui est plus qu'un embellissement.

**Plus loin encore, il y a l'Italie, promesse encore mystérieuse d'un vaste univers poétique**

En humaniste convaincu, le docteur enseigne à son fils le latin. La beauté des vers d'Horace et de Virgile lui échappe d'abord, mais peu à peu leur pouvoir évocateur s'empare de sa sensibilité naissante. Il se laisse conquérir par l'ardente mélancolie de *l'Enéide,* au point que l'épisode de la mort de Didon lui arrache des larmes. Ce «chagrin virgilien» est enté en lui pour la vie entière.

Idylle un peu mièvre que celle de Paul et de Virginie aux îles (ci-contre).Elle consacre toutefois le sentiment de la rêverie et de la mélancolie, en ouvrant la voie à la littérature dite exotique.

Berlioz rassemblera un certain nombre de ses mélodies en recueils ou en cycles et continuera parfois de les appeler romances, voire ballades ou simplement lieder. Avec leurs longues lignes sinueuses, leurs mouvements de barcarolle, leur atmosphère souvent nostalgique, elles marient le sentiment bucolique ou la tristesse amoureuse au souci de la couleur.

S'il commence à lire avec enthousiasme, Berlioz se prend également à beaucoup rêver. Il s'attarde dans la bibliothèque de son père, «passant de longues heures devant des mappemondes, étudiant avec acharnement le tissu complexe que forment les îles, caps et détroits de la mer du Sud et de l'archipel Indien, pris d'un désir ardent de les visiter».

Ainsi naît sa passion pour les voyages et les aventures, ce grand désir de départ et cette quête toujours pousuivie d'une île merveilleuse. Jusqu'à la fin, Berlioz rêvera de mers, de naufrages et de paradis insulaires. «Je lis, ou plutôt je relis Shakespeare, Virgile, Homère, *Paul et Virginie*, des relations de voyages», écrira-t-il à Mme F*** en 1864... Mais Mme F***, un demi-siècle plus tôt, n'est encore que Mlle Estelle Dubœuf. Elle entre en scène dans la vie de Berlioz à la fin de l'été 1815.

## La nature et l'automne vont porter leurs premiers fruits, ceux d'un amour juvénile sans espoir

Chaque année, Mme Berlioz va passer trois semaines, à l'époque des vendanges, en compagnie de son fils et de ses filles, à Meylan, «campagne située à deux lieues de Grenoble, du côté de la frontière de Savoie». Le grand-père maternel d'Hector y possède une propriété, et le frère de Mme Berlioz vient quelquefois les y rejoindre entre deux batailles. Cet oncle s'appelle Félix Marmion, du nom du «fabuleux guerrier de Walter Scott»; il a trente ans, est adjudant-major de lanciers, croit «le trône de Napoléon inébranlable comme le mont Blanc» et incarne pour toute la famille Berlioz l'idéal du dévouement héroïque à l'Empire.

A Meylan également, près d'une tour en ruine et de l'imposant rocher baptisé Saint-Eynard, se trouve la villa d'une certaine Mme Gautier, qui habite là pendant la belle saison avec ses deux nièces, Estelle et Ninon. En 1815, Berlioz n'a pas encore douze ans. Avec ses dix-sept ans, Estelle est élancée, élégante, son regard est sombre. En la voyant, Hector sent une «secousse électrique». Le voilà amoureux, et il va souffrir.

## Très vite Estelle se dédouble, devient un personnage romanesque, un rêve, une fiction

C'est qu'il existe, dans la bibliothèque du docteur, un exemplaire de la pastorale de Jean-Pierre Claris de Florian, *Estelle et Némorin*, écrite en 1788. Et Hector de devenir un autre Némorin. Il composera d'ailleurs sur un texte de Florian l'une de ses premières romances; et son tout premier opéra s'intitulera tout naturellement *Estelle et Némorin.*

Car Berlioz, lettré, amoureux en puissance, vient de recevoir ses premiers rudiments de musique. C'est le docteur, n'imaginant point les proportions que prendrait le goût de la musique chez son fils, qui les

❝ Il pleuvait à verse; je dis à ma sœur : «Adèle, veux-tu venir te promener?» [...] Et, sans tenir compte des railleries de tous, nous descendîmes, Adèle et moi, dans la plaine, où nous fîmes près de deux lieues, serrés l'un contre l'autre sous le parapluie, sans dire un mot. Nous nous aimions. ❞

Hector Berlioz, *Mémoires*

lui donne, dès 1816. S'attachant à lui enseigner le flageolet puis la flûte, il réussit à faire venir à La Côte-Saint-André un violoniste du théâtre des Célestins de Lyon, qui forme Hector à la lecture et au chant, et perfectionne sa pratique de la flûte. Berlioz fait une autre découverte : celle des traités d'harmonie de Rameau et de Catel, qui lui donnent la clef de la formation et de l'enchaînement des accords. Alors il compose. D'abord un pot-pourri sur des thèmes italiens, puis deux quintettes. Il brûlera ces premières partitions, mais une phrase du second quintette lui reviendra singulièrement à l'esprit lorsqu'il entreprendra, une dizaine d'années plus tard, la composition de son ouverture des *Francs-Juges.*

**«Les essais de composition de mon adolescence portaient l'empreinte d'une mélancolie profonde. Un crêpe noir couvrait mes pensées»**

Berlioz se met à écrire des romances. A nouveau, au moment de composer une de ses œuvres majeures, la *Symphonie fantastique,* en 1830, l'une de ces romances se rappellera à son souvenir : «C'est la mélodie que chantent les premiers violons au début du largo de la première partie de cet ouvrage, intitulée *Rêveries, Passions.*»

**Il vient de marier au plus profond de lui-même l'amour et la musique, «les deux ailes de l'âme»**

1816 est aussi l'année de la première communion de Berlioz, qu'il effectue en compagnie de sa sœur Nanci. Cette cérémonie, qui marque le moment de sa première émotion musicale, sera pour lui l'occasion de la découverte du *Génie du christianisme.*

Le terreau est fertile, les leçons de musique vont, à leur tour, porter leurs fruits. Berlioz sait désormais quelle est sa passion exclusive : la musique.

Berlioz jouait de la flûte et de la guitare, mais n'apprit jamais le piano. Son apprentissage des rythmes et des sons se fit également par l'écoute des bruits de la nature, des chants de pâtres et de paysans, et l'appréhension du relief sonore dessiné par les grands espaces du Dauphiné et la proximité des Alpes. Sa musique est faite de paysages où les plans sont nettement contrastés, où les couleurs jouent un rôle essentiel : une partition de Berlioz n'est pas conçue abstraitement mais composée directement avec les timbres de l'orchestre.

Dans le couvent des Ursulines où a lieu la première communion d'Hector et de sa sœur, on chante ce matin-là un air extrait de *Nina ou la Folle par amour,* opéra de d'Alayrac, «naïvement adapté à de saintes paroles». La romance remplit d'extase le cœur du jeune Hector. Révélée à lui dans la ferveur du sentiment religieux, la musique elle-même deviendra bientôt sa religion sublime. Et Berlioz aimera toujours inclure au moins une page d'inspiration sacrée dans ses grands ouvrages à venir.

CAFE

En 1821, année de la mort de Napoléon, Hector est reçu bachelier à Grenoble. Il part pour Paris afin d'y effectuer ses études de médecine. Pour le docteur Berlioz, il ne fait aucun doute que son fils lui sera un digne successeur. Il s'empresse d'ailleurs, avant que ne commencent les cours de la faculté, de lui enseigner quelques rudiments de physiologie et d'anatomie.

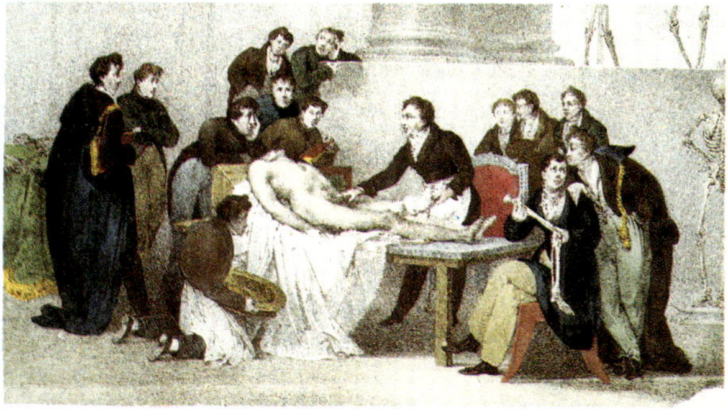

CHAPITRE II

# UN MUSICIEN DANS LA VILLE

« Je m'amusai même, en arrivant, à fouiller la poitrine entrouverte d'un pauvre mort, pour donner leur pitance de poumons aux hôtes ailés de ce charmant séjour. »

Hector Berlioz, *Mémoires*

C'est dans un périmètre fort restreint, du boulevard des Italiens à la rue Le Peletier et à la rue Bergère, que se situent les hauts lieux musicaux fréquentés par Berlioz. Le nouvel Opéra prend en 1821 la suite de celui de la rue de Richelieu. Il sera détruit par un incendie en 1873 et remplacé à son tour par le Palais Garnier, inauguré en 1875.

Le 26 octobre, Hector obtient de la police son passeport, document nécessaire pour se rendre à Paris. On y lit son signalement : «Taille d'un mètre soixante-trois centimètres. Cheveux blonds, front ordinaire, sourcils blonds, yeux gris, nez bien, bouche moyenne, barbe naissante, menton rond, visage ovale, teint clair.» Et le passeport de conclure : «Signes particuliers, aucun.» A peine âgé de dix-huit ans, il n'est encore qu'un jeune homme élégant, mélancolique et sensible.

## A Paris, Berlioz emménage au Quartier latin

Inscrit à la faculté de médecine, il suit également le cours d'électricité expérimentale de Gay-Lussac et les leçons de littérature française du Collège de France. Les premiers cours d'anatomie l'horrifient. En 1821, il ne connaît pas encore Shakespeare : les crânes, les cadavres et autres écorchés ne peuvent donc pas le séduire. Et puis, Paris est si vaste ! Non pas que la ville elle-même soit à cette époque très étendue : Montmartre est un village planté de vignes et de moulins à vent, les jardins du Luxembourg donnent sur la campagne, l'Obélisque n'est pas encore dressé, l'Arc de triomphe reste inachevé.

Mais Paris est la ville des promesses et le nouvel Opéra de la rue Le Peletier vient d'être inauguré. Le 26 novembre 1821, Berlioz s'y rend pour la première fois et assiste à une représentation d'*Iphigénie en*

La salle des concerts du Conservatoire, particulièrement, séduit Berlioz par ses dimensions relativement modestes, la simplicité de sa décoration et ses qualités acoustiques. C'est là qu'auront lieu les premières auditions de plusieurs de ses œuvres symphoniques.

*Tauride*. «A moins de m'évanouir, je ne pouvais pas éprouver une impression plus grande...» La secousse qu'il vient de subir est illuminante : «Je jurai, en sortant de l'Opéra, que, malgré père, mère, oncles, tantes, grands-parents et amis, je serais musicien.» Il se sent appelé d'une manière incoercible, sa mélancolie se dissipe, plus rien ne pourra le retenir désormais.

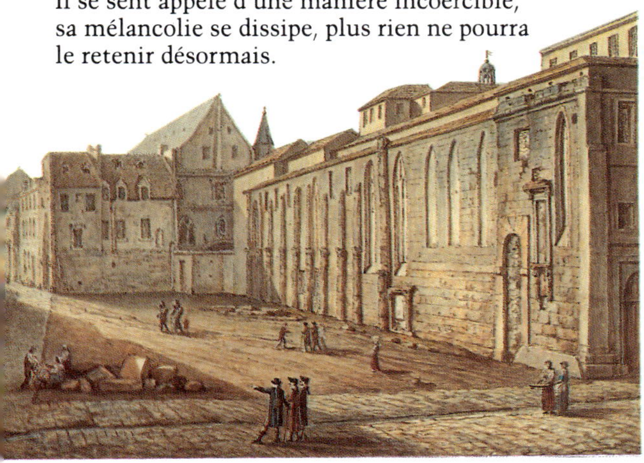

❝ Je serais allé en Chine, je me serais fait matelot, flibustier, boucanier, sauvage, plutôt que de me rendre. Tel est mon caractère. Il est aussi inutile et dangereux pour une volonté étrangère de contrecarrer la mienne, si la passion l'anime, que de croire empêcher l'explosion de la poudre à canon en la comprimant. ❞

Hector Berlioz, *Mémoires*

La bibliothèque du Conservatoire est alors ouverte au public. Il s'y précipite afin d'y étudier, d'y copier, d'y apprendre les partitions de Gluck pour lesquelles il éprouve «une passion instinctive» et qui lui font «perdre le sommeil, oublier le boire et le manger». L'amphithéâtre de médecine est abandonné.

Sans plus tarder, il envoie une lettre à son père pour lui faire connaître «tout ce que [sa] vocation a d'impérieux et d'irrésistible, en [le] conjurant de ne pas la contrarier inutilement». Effrayé à l'idée que son fils puisse se donner à une carrière artistique, le docteur exhorte Hector à «quitter la poursuite d'une chimère pour revenir à une carrière honorable et toute tracée».

Luigi Cherubini (1760-1842), auteur de l'opéra *Médée* et de deux *Requiem*, n'appréciait ni les audaces de Berlioz en matière de composition, ni son impertinence.

## Berlioz s'obstine. Il sera impossible de le fléchir dans sa détermination à devenir musicien

Et ce ne sont pas les lettres de sa famille, ni des séjours successifs à La Côte-Saint-André, qui pourront avoir raison de son désir érigé en volonté, mieux, en conscience d'un grand destin, d'un vaste et lumineux dessein à accomplir.

Puisqu'il sent qu'il ne peut rien faire d'autre que de la musique, Hector publie des romances et entreprend la composition d'une cantate,

*le Cheval arabe.* Cette œuvre est aujourd'hui perdue, ainsi que d'autres pièces écrites quelques mois plus tard mais c'est à cette époque que Berlioz fait la connaissance de Gerono, élève particulier d'un certain chevalier Lesueur. Gerono le présente à son maître, qui accueille le jeune Berlioz avec bienveillance et lui conseille de se familiariser avec son propre système musical... en suivant tout simplement les leçons de Gerono ! Berlioz y consent de bonne grâce.

De la rencontre de Berlioz avec Lesueur datent *les Noces d'or d'Obéron et de Titania*, et *Beverley ou le Joueur.*

## Ainsi est-il admis au début de 1823 parmi les élèves particuliers de Lesueur

Né en 1760, Jean-François Lesueur a été directeur de la Chapelle impériale avant de partager avec Luigi Cherubini, directeur du Conservatoire, la charge de directeur de la Chapelle royale. Auteur de trente-trois messes et de cinq opéras (dont *les Bardes*, écrit en 1804), il professe une théorie inspirée de celle de Rameau mais où la musique est qualifiée d'expressive et imitative, épithètes qui ne sont pas sans toucher l'imagination de Berlioz. Et puis, Lesueur exprime une telle admiration pour Gluck, «Jupiter de l'Olympe musical» ! Pour Berlioz, Lesueur devient très vite un initiateur généreux et clairvoyant; il va jouer d'une certaine manière le même rôle que le docteur une dizaine d'années plus tôt.

LE CORSAIRE,

JOURNAL DES SPECTACLES, DE LA LITTÉRATURE, DES ARTS, DES MŒURS ET DES MODES.

Aimez qu'on vous conseille et non pas qu'on vous loue.

( N° 33. ) MARDI 12 AOUT 1823. ( I$^{re}$ Année. )

## Cette époque est celle d'un Berlioz actif sur plusieurs fronts : en 1823, il rédige son premier article de journaliste

Publié le 12 août dans *le Corsaire*, cet article est dirigé contre les *dilettanti* admirateurs de Rossini et, selon Berlioz, de toutes les facilités du chant orné, conventionnel et superficiel. Parmi eux, Stendhal.

## Passions et tentations

Partagé entre sa nostalgie de la nature et son désir de conquérir la ville, Berlioz aimera souvent, lors de ses crises de spleen, errer dans les campagnes des environs de Paris. En 1834, habitant de Montmartre, il descendra régulièrement de sa colline dans Paris-Babylone, comme il serait descendu aux enfers. Ce qui ne l'empêchera pas d'avouer : «Même à l'état calme, je sens toujours un peu d'isolement les dimanches d'été, parce que nos villes sont inactives ces jours-là, parce que chacun sort, va à la campagne; parce qu'on est joyeux au loin, parce qu'on est absent.» Mais l'âme artiste de Berlioz est aussi le lieu des paradoxes : sensible à la grâce des gestes et des rythmes, il magnifie dès la *Symphonie fantastique* le genre de la valse. Ce qui ne l'empêche pas, presque dans le même temps, d'imaginer les phrases convulsives, la pulsation haletante et les sonorités lugubres d'une page aussi violente et possédée que *la Mort de Cléopâtre.*

**A l'Opéra**

Pendant la première moitié du XIX$^{e}$ siècle, Paris connaît un rayonnement exceptionnel et attire nombre de compositeurs, d'abord italiens – Cherubini, Spontini, Rossini, Bellini, Donizetti –, puis d'autres, venus d'horizons divers – Meyerbeer, Liszt, Chopin. Après Gluck, installé à Paris à la fin du siècle précédent, la tragédie lyrique à la française se perpétue avant de s'effacer devant l'enthousiasme suscité par le bel canto, qui triomphe au Théâtre-Italien, puis par le «grand opéra», où le spectacle compte autant sinon plus que la musique et dont Meyerbeer est le maître incontesté. Fasciné par le théâtre et les possibilités dramatiques de la musique – toutes ses œuvres, même celles qui ne sont pas destinées à la scène en témoignent –, Berlioz ne verra toutefois qu'un seul de ses ouvrages monté sur la scène de l'Opéra de Paris. Son métier de critique l'oblige cependant à fréquenter assidûment la salle et à mesurer toujours plus lucidement le fossé qui sépare les aspirations d'un artiste et les engouements frivoles d'un public porté à la futilité.

On y lit notamment : «Eh ! qui pourrait nier que tous les opéras de Rossini pris ensemble ne sauraient supporter la comparaison avec une ligne de récitatifs de Gluck, trois mesures de chant de Mozart ou de Spontini et le moindre chœur de Lesueur !» Dès ce premier manifeste, les choix de Berlioz sont clairs.

Soucieux de séduire, d'être élégant, de regarder passer les gandins (sur le boulevard de Gand) en jouant lui-même au dandy avec escarpins très fins, pantalons à sous-pieds, gilets à boutons, manteaux-pèlerines en hiver, grands gibus à bords étroits, des boulevards à la galerie de Bois du Palais-Royal, de l'Opéra au Théâtre des Italiens, du Conservatoire au Quartier latin, Berlioz sait qu'il peut plaire et remporter les suffrages d'une société brillante et raffinée. Fantasque, souvent rêveur, toujours passionné même lorsqu'il est triste, il peut aussi se révéler spirituel et gai.

**Habitué des bals et des restaurants parisiens, il vit de la pension que lui envoie son père**

A partir de 1825 toutefois, cette pension va devenir pour le docteur un instrument de pression. A plusieurs reprises, soit pour essayer de le faire revenir dans ce qu'il estime être le droit chemin, soit pour exprimer son exaspération devant les dettes accumulées par son fils (qui n'hésite pas à emprunter 1 200 francs pour faire jouer une *Messe solennelle)* le docteur lui coupe les vivres, puis rétablit la pension... pour la diminuer ensuite. Afin de subsister, Berlioz donne des leçons de flûte, de guitare, de solfège ; à la fin de 1826, il va jusqu'à s'inscrire au Théâtre des Nouveautés comme choriste et songe même à s'expatrier en Amérique du Sud. Mais Paris le retient. Heureusement, car une église de la capitale se propose d'accueillir son œuvre sacrée.

C'est à La Côte-Saint-André que Berlioz apprend à jouer de la guitare. Il restera tendrement fidèle à cet instrument, ami et complice de son adolescence.

## Saint-Roch retentit de son premier succès

Composée pendant l'automne 1824, sa *Messe solennelle* est créée le 10 juillet 1825 sous la direction du chef d'orchestre de l'Opéra, Henri Valentino. «Je crois que ma messe a produit un effet d'enfer. [...] Quand j'ai entendu le crescendo de la fin du «Kyrie», ma poitrine s'enflait comme l'orchestre, les battements de mon cœur suivaient les coups de baguette du timbalier.» Lesueur s'enthousiasme : «Venez que je vous embrasse; morbleu, vous ne serez ni médecin ni apothicaire, mais un grand compositeur; vous avez du génie, je vous le dis parce que c'est vrai.»

En 1827, après une seconde exécution de sa *Messe*, à Saint-Eustache cette fois, Berlioz détache le «Resurrexit» dont il reste assez content et brûle le reste. C'est du moins ce qu'il dit : une copie de la partition entière, offerte à un de ses amis violonistes, sera miraculeusement retrouvée à l'église Saint-Charles-Borromée d'Anvers en 1991!

La faveur recueillie en 1825 encourage Berlioz cependant, et les compositions vont se succéder. Si un projet d'opéra d'après Walter Scott, *Richard en Palestine*, est abandonné, Berlioz écrit l'ouverture

❝ Dans l'*Iterum venturus*, après avoir annoncé par toutes les trompettes et trombones du monde l'arrivée du jugement suprême, le chœur des humains séchant d'épouvante s'est déployé; ô Dieu! je nageais sur cette mer agitée, je humais ces flots de vibration sinistres. [...] Ce n'est pas ma faute si les dames surtout ne se sont pas crues à la fin du monde. ❞

Hector Berlioz, lettre du 20 juillet 1825, consécutive au concert donné en l'église Saint-Roch (ci-dessus).

de *Waverley* inspirée du même romancier. «Ce géant de la littérature anglaise» jouit alors d'une faveur considérable à Paris et inspire encore à Berlioz un troisième projet : un opéra d'après *Robin Hood*, qui n'aboutira pas. Suivent deux ouvrages sur des paroles de son ami et confident Humbert Ferrand : la scène lyrique *la Révolution grecque* et surtout le drame en trois actes *les Francs-Juges.*

Composée entièrement pour l'Odéon en 1826, la partition des *Francs-Juges* sera ensuite retravaillée, vers 1828-1829, dans la perspective d'une représentation à l'Opéra ; mais la direction de celui-ci ayant refusé le livret, Berlioz laissera cette nouvelle version inachevée. Finalement, il se résoudra plus tard à employer les pages jugées les meilleures dans des œuvres futures : ainsi, la Marche au supplice de la *Symphonie fantastique* et l'Oraison de la *Symphonie funèbre et triomphale* proviennent de cet ouvrage.

Le style hyperbolique, fort prisé à l'époque, ne sera plus à la mode après 1830. Mais Berlioz le pratiquera toujours avec bonheur, le colorant d'une ironie mordante qui témoigne de son souverain détachement des êtres et des choses. S'il détruit son *Passage de la mer Rouge*, c'est qu'«un froid coup d'œil d'inquisiteur» lui en indique le peu de valeur. Il expliquera lui-même : «Il faut tâcher de faire froidement des choses brûlantes.» Tous ces projets ne l'aident guère à se faire reconnaître par sa famille.

Si *les Francs-Juges* sont écrits pour le théâtre de l'Odéon, l'ouverture de cet opéra, gardée intacte, est créée isolément le 26 mai 1828, salle du Conservatoire. «Tout ce que mon cœur peut contenir de rage et de tendresse est dans cette ouverture», confie Berlioz. Elle fait dès lors partie de ses programmes de concert et connaît un tel succès que le musicien, aidé par les conseils de Chopin, en effectue une réduction pour piano à quatre mains en 1836. Cette même année, Robert Schumann écrit un long article élogieux à propos de l'ouverture des *Francs-Juges.* Il en a fait de même l'année précédente avec la *Symphonie fantastique,* contribuant ainsi à la future célébrité de Berlioz en Allemagne.

## Pendant l'été 1826, il se rend à La Côte-Saint-André. L'accueil est glacial

Hector se perd dans les réflexions les plus sombres, errant dans les champs et les bois ou restant enfermé dans sa chambre. Au bout de quelques jours, son père vient lui parler : «Je consens à te laisser étudier la musique à Paris... mais pour quelque temps seulement.» Et il lui demande, afin de ne pas affoler son épouse, de garder le secret. Il n'en faut pas plus pour transporter Hector.

Bientôt, toute la maison est au courant et sa mère, «l'œil étincelant, et tous ses gestes indiquant une émotion extraordinaire», se jette à ses pieds pour l'implorer. Mais il est trop tard, Berlioz ne rêve que de Paris et de musique. Il ne répond rien à sa mère qui s'écrie, dépitée par tant de détermination : «Tu n'es plus mon fils ! je te maudis !»

A l'issue de cette scène, l'aversion de Berlioz pour les «opinions religieuses», les «préjugés provinciaux» et autres «stupides doctrines» atteint son sommet. De retour à Paris, il sait qu'il lui faut préparer un coup d'éclat.

## Une seule solution pour s'imposer : remporter le Grand Prix de Rome, consécration suprême pour tous les apprentis musiciens

Il s'inscrit officiellement au Conservatoire et non plus seulement en tant qu'élève particulier de Lesueur, y suit les leçons de contrepoint et de fugue données par Reicha, et celles de composition toujours assurées par Lesueur. En juillet, il est écarté du

Créateur du roman historique, sir Walter Scott (1771-1832) connaît un succès immense à Paris entre 1820 et 1830 – un million et demi d'exemplaires de ses œuvres vendu. Il inspire à Berlioz *Waverley* et, plus tard, *Rob Roy*, ses deux ouvertures écossaises.

Berlioz écrira des scènes de bal et de danse dans nombre de ses œuvres à venir.

Concours de Rome dès l'épreuve éliminatoire. Il persévère : l'année suivante, sa cantate *la Mort d'Orphée* est déclarée inexécutable... par le pianiste chargé de jouer la réduction de la partition orchestrale ! En 1828, avec *Herminie* (qui contient déjà la future «idée fixe» de la *Symphonie fantastique*), il remporte le second prix. Persuadé, comme le lui confirme la coutume du Conservatoire, qu'il remportera le premier prix l'année suivante, il se livre sans retenue à son invention musicale dans *la Mort de Cléopâtre*... et aucun prix n'est décerné en 1829 !

C'est finalement en 1830 avec *Sardanapale* – «ouvrage fort médiocre qui ne représente pas du tout ma pensée musicale intime, partition pleine de lieux communs, d'instrumentations triviales, que j'ai été forcé d'écrire pour avoir le prix» – que Berlioz remportera le Premier Grand Prix de Rome. Ce prix, c'est «un diplôme, un titre, et l'indépendance et presque l'aisance pendant cinq ans».

La conviction qu'il est possible d'écrire

Lord Byron (1788-1824) ira mourir sur les rivages de Missolonghi lors de la guerre d'indépendance de la Grèce, cause qui passionnait alors l'Europe entière.

une autre musique lui est venue le 7 décembre 1824 à l'Odéon. Ce soir-là, Berlioz assiste à la première représentation parisienne du *Freischütz* de Weber. Pour lui, tout à sa passion pour les opéras de Gluck (et de Spontini, dont il vénère *la Vestale*), c'est une «apparition», même si *le Freischütz* apparaît «non point dans sa beauté originale, mais mutilé, vulgarisé, torturé et insulté de mille façons par un arrangeur», selon la déplorable habitude qu'on avait à l'époque de flatter un public peu exigeant.

**Il n'empêche : la verve fantastique de Weber, son exaltation de la forêt allemande, les couleurs de son orchestre enchantent Berlioz**

Nous sommes loin, avec Weber, de la tragédie lyrique à la française. Berlioz, désormais, est prêt à pénétrer au fond de l'âme romantique allemande et à s'enivrer d'une musique et d'une poésie plus étranges et moins policées que celles dont il s'est nourri jusqu'alors. Mais en attendant Goethe et Beethoven, il va être victime d'une autre apparition : celle de Shakespeare.

De *Sardanapale* (ci-dessus l'étude au pastel que fit Delacroix sur le même thème), il ne reste que l'incendie final, ajouté après coup, une fois le Prix obtenu. Les trois précédentes cantates nous sont parvenues intégralement. Elles sont toutes trois étonnantes par leur audace formelle (Berlioz bouleverse, au profit de l'intensité dramatique, l'alternance convenue des airs et des récitatifs) et montrent que le musicien a vite oublié les principes cultivés par ceux qui, en 1830, daigneront enfin le couronner.

Le 11 septembre 1827, toujours à l'Odéon, il assiste à une représentation de *Hamlet*, donnée par une troupe de comédiens anglais. Ebloui par la pièce, il l'est aussi par la beauté de la comédienne qui interprète Ophélie, Harriet Smithson. «Shakespeare, en tombant ainsi sur moi à l'improviste, me foudroya.» Mais la secousse a été trop forte. Au «mortel amour» vient se conjuguer une phase de «léthargie morale» qui lui fait perdre le sommeil et le goût de travailler. Il erre «sans but dans les rues de Paris et dans les plaines des environs». Reprenant ses esprits, il compose d'un trait une sombre *Elégie* qu'il fait figurer à la fin de ses *Neuf Mélodies* écrites sur des textes de Thomas Moore pour sa belle Harriet – recueil qu'il rebaptisera *Irlande* en 1849. Le 15 novembre, la «*fair Ophelia*» devient «*sweet Juliet*»; en voyant *Roméo et Juliette*, Berlioz conçoit qu'il est définitivement abîmé d'amour pour Shakespeare et pour Harriet.

«Les coups de tonnerre se succèdent» : le 30 novembre de la même année, il entend pour la première fois une page orchestrale de «l'immense Beethoven». Trois mois plus tard, les *Troisième* et *Cinquième Symphonies*, exécutées par la Société des concerts du Conservatoire sous la direction de François

L'apparition de Shakespeare et d'Harriet Smithson sera, selon Berlioz, le plus grand drame de sa vie. «Ver de terre amoureux d'une étoile», il mettra trois ans à exorciser son «infernale passion».

Habeneck, ne font qu'«augmenter la douloureuse intensité» de son amour shakespearien. Enfin, à la toute fin de 1827, Gérard de Nerval publie sa traduction française du premier *Faust* de Goethe. Elle engendre en Berlioz une «impression étrange et profonde».

“ Il y a une Amérique musicale, dont Beethoven [ci-dessus, à côté de Gluck et de Weber] a été le Colomb, je serai Pizarre ou Cortéz. ”
Hector Berlioz, lettre du 21 avril 1831

**Désormais, le panthéon artistique de Berlioz est constitué : Virgile, Shakespeare et Goethe en poésie ; Gluck, Weber et Beethoven en musique**

Tant d'émotions le brisent un moment : «Malgré tous mes efforts, la vie m'échappe, je n'en retiens que des lambeaux.» Mais il retrouve rapidement le désir de créer et compose les *Huit Scènes de Faust* en 1828. Telles quelles, celles-ci constituent un ensemble étonnant par leur variété et l'audace qui les anime. On y trouve Marguerite et Méphistophélès (ce dernier confié à une voix de ténor)... mais le personnage de Faust en est absent. Les forces de la nuit sont à l'œuvre.

François Habeneck, «habile mais incomplet et capricieux chef d'orchestre», dirigera la première exécution de la *Symphonie fantastique*.

Conscient de l'originalité de son ouvrage, Berlioz en fait parvenir un exemplaire à Goethe. Ce dernier apprécie les *Huit Scènes*, mais il commet l'erreur de les soumettre au jugement de son maître de musique, Zelter, lequel n'y voit que «des éternuements, des croassements, des vomissements». Goethe ne répondra pas à Berlioz.

" Shakespeare et Goethe! les muets confidents de mes tourments, les explicateurs de ma vie! "
Hector Berlioz, lettre du 16 septembre 1828

## «Toujours sous l'influence du poème de Goethe», il écrit sa «Symphonie fantastique»

L'œuvre s'intitule d'abord *Episode de la vie d'un artiste;* l'expression «symphonie fantastique» n'est encore qu'un sous-titre, sans doute inspiré à Berlioz par la publication récente de deux traductions françaises des *Contes fantastiques* d'E. T. A. Hoffmann qui l'ont beaucoup impressionné. Berlioz, avec sa symphonie, écrit une véritable autobiographie en musique, confiant à une mélodie appelée idée fixe le soin de figurer la femme aimée. Accompagnée d'un texte baptisé programme, la symphonie raconte la passion d'un «jeune musicien d'une sensibilité maladive et d'une imagination ardente [qui] s'empoisonne avec de l'opium dans un accès de désespoir amoureux» mais sombre

en réalité dans un lourd sommeil peuplé de cauchemars, jusque dans le mouvement final, où le thème de l'idée fixe n'est plus qu'une parodie.

**Car, au printemps 1830, Berlioz s'abandonne aux démons d'une autre passion, cette fois violemment sensuelle**

Il s'est follement épris d'une charmante pianiste, Camille Moke, qui donne des leçons dans la pension de jeunes filles où lui-même enseigne la guitare. Aussitôt, elle lui met «au corps toutes les flammes et tous les diables de l'enfer»... et lui révèle la manière dont Harriet, moins noble que ne l'imaginait Berlioz, a commis maintes infamies. Hector croit Camille sur parole. Il se répand à son tour sur cette «malheureuse fille Smithson».

Néanmoins, Berlioz reste fidèle à Shakespeare. Il compose une *Fantaisie sur «la Tempête»* et appelle Camille son Ariel (personnage qui intervient dans cette comédie féerique). Il projette même d'enlever celle avec qui bientôt il va se fiancer... mais les amants ne dépassent pas Vincennes.

L'année 1830 s'achève. Comme on aime à le rappeler, elle s'est ouverte, le 25 février, avec la bataille d'*Hernani*. Elle s'est poursuivie, les 27, 28 et 29 juillet, par la Révolution qui met fin au règne de Charles X et permet à Louis-Philippe de prendre le pouvoir; Berlioz, en loge pour le Concours de Rome, sort in extremis le 29 pour «polissonner dans Paris, le pistolet au poing» : il vient d'arranger *la Marseillaise* pour grand orchestre et «tout ce qui a une voix, un cœur et du sang dans les veines». Elle se terminera, le 5 décembre, par la création de la *Symphonie fantastique*. Berlioz va fêter ses vingt-sept ans.

« Oui, je suis changeante, mais comme une robe de soie dont les nuances seules varient et dont la couleur reste. »
Camille Moke

## Sans aucun doute, il a conscience de donner à entendre là une musique inouïe

Cette œuvre géniale et inspirée, nul n'eût jamais osé l'imaginer avant lui. La *Symphonie fantastique* ne suit que de sept ans la dernière symphonie de Beethoven, mais elle inaugure un nouveau monde en musique par l'accent si personnel de ses nombreuses mélodies, son foisonnement rythmique et le relief saisissant de son orchestre, lequel n'est pas une parure mais un élément de structure de la musique : Berlioz ne compose pas au piano, qu'il ne pratique d'ailleurs pas ; il conçoit son œuvre en pensant dès le départ aux différents instruments de l'orchestre.

Elégante et désespérée, lyrique et sauvage, alternant la douceur la plus mélancolique et les visions les plus sataniques, elle met en scène Berlioz lui-même, le rêve, les passions, l'amour, la nature, le monde et les enfers, et se fait la charte du romantisme musical. Elle contient la plupart des traits caractéristiques que l'on retrouvera dans ses œuvres postérieures : construction imprévue des différentes parties, dictée par les besoins dramatiques et les métamorphoses de l'idée fixe ; étagement de l'univers sonore selon différents plans, permettant des effets

Franz Liszt (bas gauche) devient vite un ardent défenseur de la *Fantastique*.

de lointain et de fantastique – Berlioz met un hautbois dans la coulisse pour le faire répondre en écho à un cor anglais, les deux instruments figurant deux pâtres qui se répondent d'une montagne à l'autre ; utilisation d'instruments rares, comme les cloches, etc.

Franz Liszt ne s'y trompe pas, qui se fait «remarquer de tout l'auditoire par ses applaudissements et ses enthousiastes démonstrations». C'est là le début de l'une des grandes amitiés du XIXe siècle.

Mais Berlioz doit se soumettre au règlement : Premier Grand Prix de Rome, il quitte Paris pour l'Italie le 30 décembre 1830.

Durant toute sa carrière, Berlioz ne cessera de parfaire dans le détail la rédaction de ses partitions, n'abandonnant rien au hasard ni au caprice des interprètes, éprouvant sa musique au fil des concerts avant de se décider à la publication de ses ouvrages. Ainsi, la première édition de la *Symphonie fantastique* ne verra le jour qu'en 1845.

Pour gagner l'Italie, Berlioz se rend à Marseille, d'où il va traverser la mer Ligurienne. Ses sentiments sont à la tristesse : il quitte Paris au moment où commence sa célébrité ; il laisse aussi Camille, sa fiancée, pour accomplir son «fatal voyage».

CHAPITRE III

# UN PALAIS DE SABLE

A Rome, Berlioz se sentira en exil, n'appréciant ni le café Greco, «détestable taverne», ni le carnaval romain, «fort gras», ni la musique italienne : Bellini, l'auteur des *Capuleti e Montecchi*, n'est pour lui qu'un myrmidon.

## Après une étape à Florence, Berlioz arrive à Rome, précédé de sa réputation

Tout de suite, il s'ennuie. Il ne croit plus à rien. Heureusement, il rencontre Mendelssohn, qui partage ses passions pour Gluck et Beethoven, le conduit à travers les ruines de Rome, lui montre le tombeau du Tasse et lui procure «les seuls instants supportables» de son séjour.

Un souci l'accable : Camille. Elle ne lui écrit pas. C'en est trop : il va rentrer à Paris. Le voici déjà à Florence, où il tombe malade. Il découvre *le Roi Lear* de Shakespeare, qui le fait se rouler convulsivement dans l'herbe pour «satisfaire [ses] transports». C'est alors qu'arrive une lettre de Mme Moke, la mère, annonçant les fiançailles de sa fille avec Camille Pleyel. Trahison ! La décision de Berlioz est prise : il va s'introduire déguisé chez Mme Moke, la tuer

Le bateau qui emmène Berlioz en Italie est rempli d'insurgés. Parmi eux, un capitaine corsaire vénitien. L'imagination de Berlioz s'enflamme ; il pense à Byron, l'auteur du *Corsaire*, sans oublier que l'heure est aussi à la raillerie : «Si les guerres et les révolutions n'étaient pas devenues un tel lieu commun, je m'en mêlerais»...

ainsi que sa fille et son futur gendre, enfin se suicider. Les chevaux galopent; Gênes, Vintimille, Nice... La vie le reprend, et la beauté du monde, et le désir de composer.

N'ayant pas quitté l'Italie car Nice, Nizza à cette époque, fait partie du royaume de Sardaigne, il n'a pas perdu sa pension. Et à Nice, il va passer «les vingt plus beaux jours de [sa] vie».

**«Je vis entièrement seul, j'écris l'ouverture du "Roi Lear", je chante, je crois en Dieu. Convalescence»**

Le voici de nouveau à Rome. Alors va commencer une longue année d'attente et de mélancolie. L'Académie de France, installée Villa Médicis, lui fait broyer du noir, malgré les réceptions

... Tout à coup, du vent. Une lanterne casse, et met le feu au bateau. Vient une tempête «sublime d'horreur». Berlioz brave la mort, s'apprête à «lui cracher à la face». Mais le bateau se redresse, la nuit passe. Les voici à Livourne.

“ Rien n'est comparable pour la beauté aux lignes de l'horizon romain, à la douce inclinaison des plans, aux contours suaves et fuyants des montagnes qui le terminent. ”

Chateaubriand, *Voyage en Italie*

de son directeur, le peintre Horace Vernet.

Berlioz préfère lire Byron dans un confessionnal de la basilique Saint-Pierre, ou chasser dans les Abruzzes en se remémorant Virgile. Voyager, le seul remède au spleen. Il va se mettre à errer à travers la campagne et les montagnes d'Italie, muni d'une guitare ou d'un fusil de chasse...

**De cette année italienne passionnément vide date un nombre restreint de compositions musicales**

Il ne ramènera guère que l'ouverture de *Rob Roy*, d'après Walter Scott; *la Captive*, mélodie sur une des *Orientales* de Victor Hugo (auquel il écrit, après avoir lu *Notre-Dame de Paris* : «Oh! vous êtes un génie,un être puissant, un colosse à la fois tendre, impitoyable, élégant, monstrueux, rauque, [...] caressant et

« J'ai laissé Rome sans regret. [...] J'ai revu Florence avec émotion. C'est une ville que j'aime d'amour. Tout m'en plaît, son nom, son ciel, son fleuve, ses poutres, ses palais, son air, la grâce et l'élégance des habitants, les environs, tout, je l'aime, je l'aime. »

Berlioz,
lettre du 13 mai 1832

méprisant»); *le Retour à la vie,* «mélologue» conçu comme la fin et le complément de la *Symphonie fantastique.* Avec un sens étonnant de l'invention – Berlioz n'aura de cesse, dans chacune de ses œuvres, d'imaginer une forme inédite –, cet ouvrage étrange réunit six compositions antérieures, liées entre elles par un monologue immense et le rappel du thème de l'idée fixe. Berlioz y règle ses comptes avec l'amour et la mort et tente de renaître à la vie par le seul philtre de la création musicale.

Après la descente aux enfers de la *Symphonie fantastique, le Retour à la vie* (modifié et rebaptisé *Lelio* en 1855) convoque Shakespeare et Beethoven, Faust et l'Italie, Juliette et Ophélie, brigands et musiciens, dans un chaos sublimé où se conjuguent frissons amoureux impalpables, fantaisie émerveillante et frénésie échevelée.

## Le 7 novembre 1832, Berlioz est de retour à Paris : il faut faire jouer toutes ces œuvres

Il n'a qu'un souci en tête : très vite, se rappeler au souvenir du public et du monde musical en organisant un concert. Berlioz retient la salle du

Conservatoire, sa salle préférée, pour un concert fixé au 9 décembre, que dirigera Habeneck. Au programme, la *Symphonie fantastique* et *le Retour à la vie*, c'est-à-dire le roman musical d'Harriet et d'Hector. Or, après bien des péripéties, Harriet Smithson est de retour à Paris. Elle y connaît l'échec, le vent a tourné. C'est Berlioz désormais qui suscite la curiosité, la polémique, voire l'enthousiasme. Poussée par son entourage, Harriet décide d'assister au concert de celui qui l'idolâtrait autrefois.

Le 9 décembre arrive. Dans la salle, tous les amis de Berlioz, journalistes, écrivains : Alexandre Dumas, Heinrich Heine, Eugène Sue; mais peu de musiciens, Lesueur et Paganini exceptés. Dans une loge, près de la scène, Harriet. C'est un triomphe. L'acteur Bocage, beau ténébreux, silhouette lunaire, visage blême, voix de tempête, qui vient l'année précédente d'incarner Antony dans la pièce de Dumas, déclenche les cris et les bravos.

« La troupe anglaise que nous amène Mlle Smithson est complètement détestable, y compris ladite actrice, dont la réussite chez nous fut jadis le résultat d'autre chose que son talent. [...] Tout est changé, trop éclairé maintenant pour qu'on s'intéresse à cette redite. »

*Courrier des théâtres*

## Six jours après son concert au Conservatoire, Berlioz est enfin présenté à Harriet Smithson

Et à nouveau il est abîmé d'amour. «Je ne la quitterai jamais. C'est mon étoile [...]. Elle embellira les derniers temps de ma vie qui, je l'espère, ne sera pas longue.» Il n'a plus qu'un désir : l'épouser, même s'il sait qu'elle est ruinée.

A La Côte-Saint-André, on s'affole une fois de plus : les parents de Berlioz ne veulent pas entendre parler de mariage avec une comédienne. Quant à Harriet, elle consent, puis elle hésite. Enfin, le 3 octobre 1833, à la chapelle de l'ambassade britannique, le mariage est

célébré. Liszt figure parmi les témoins. Harriet conquise, place nette est laissée à la musique.

## S'il désire écrire un opéra, Berlioz a besoin du journalisme pour survivre ; il lui faudra mener de front les deux tâches

Il obtient la chronique musicale du *Rénovateur* dès la fin de 1833, puis collabore à la *Revue et gazette musicale.* En 1835, il commence à écrire dans le très orléaniste *Journal des débats,* organe officieux de Louis-Philippe. Les *Débats* apportent à Berlioz un appui essentiel : «Mes affaires, à l'Opéra, sont entre les mains de la famille Bertin», à laquelle appartient le journal. Il va lui falloir intriguer en effet, et se recommander de ses protecteurs, pour que l'un de ses projets soit accepté par le directeur de l'Opéra, que Berlioz qualifie d'ailleurs, comme il le fait du directeur de l'Opéra-Comique, de «stupide industriel».

Mais quel sujet pour l'Opéra ? Une nouvelle version des *Francs-Juges ?* Un *Hamlet ?* Un *Antony ? Les Brigands,* d'après Schiller ? *Beaucoup de bruit pour rien,* d'après Shakespeare ? Ou encore une *Esmeralda,* d'après *Notre-*

François Bertin, directeur du *Journal des débats* jusqu'à sa mort (1841), avait deux fils : Edouard, qui faisait partie du comité de surveillance de l'Opéra, et Armand, qui fut le plus proche de Berlioz.

*Dame-de-Paris?* Non. A cette époque, Berlioz songe plutôt à reprendre un projet qu'il a imaginé dès l'été 1831 : un «oratorio colossal» intitulé *le Dernier Jour du monde,* qui devient dans son esprit un opéra, mais dont le projet est refusé par Louis Véron, directeur de l'Opéra, qui «n'ose pas». Or, c'est en 1833 que paraît la traduction française des *Mémoires* du sculpteur et ciseleur Benvenuto Cellini dont Berlioz a admiré le *Persée* à Florence. Elle fait une si grande impression sur lui qu'il choisit d'en extraire plusieurs épisodes dont l'enchaînement servira de trame à l'ouvrage qu'il a le dessein d'entreprendre. Son choix fait, il lui faut un librettiste. Ils seront deux : Auguste Barbier et Léon de Wailly, aidés par Alfred de Vigny.

Destiné à l'Opéra-Comique, où Berlioz est considéré comme «un sapeur, un bouleverseur du genre national», le livret est refusé. Adapté pour l'Opéra, il est finalement accepté par le nouveau directeur, Edmond Duponchel.

Long et difficile sera le chemin qui mènera à la première de *Benvenuto Cellini,* le 10 septembre 1838.

**Harriett et Hector emménagent à Montmartre. La colline est couverte de vignes et de moulins**

Berlioz semble avoir réalisé là l'utopie de vivre à la campagne près de la ville, mariant la nostalgie des grands espaces de son enfance à l'appel irrésistible de la vie parisienne.

C'est l'époque où il reçoit ses amis au cours de parties de campagne dans son ermitage. Il y a là «des célébrités musicales et poétiques : MM. Alfred de Vigny, Antoni Deschamps, Liszt, Hiller et Chopin». C'est là également, en 1834, que naît Louis, le fils de Berlioz, qui restera son unique enfant. Adèle, la sœur chérie tendrement fidèle, est la marraine.

Entre les soirées parisiennes, le journalisme et les goûters champêtres, Berlioz dispose évidemment de peu de temps mais il jouit de la paix nécessaire à la composition.

“ Je me trouvai bientôt au pied du *Persée* de Benvenuto Cellini. La vue de cette noble figure, grandie encore par le prestige de la nuit, me fit une singulière impression. Il me sembla qu'une voix mystérieuse se faisait entendre, que l'esprit de la statue me parlait. ”

Franz Liszt,
*Lettres d'un bachelier ès musique,* 1839

Il sait que l'Opéra seul peut l'imposer définitivement. Les célébrités du moment ont nom Rossini et Meyerbeer. C'est pourquoi Berlioz met tous ses espoirs dans *Benvenuto*. Cependant l'année 1834 voit la composition de romances, d'un chœur (*Sara la baigneuse*, deuxième composition sur un texte des *Orientales* de Hugo), et surtout de *Harold en Italie*.

Suscitée par Paganini, cette œuvre est une symphonie avec alto principal et non un concerto pour alto, car l'instrument soliste vient toujours se superposer à l'orchestre ou se perdre dans celui-ci, tel un voyageur pensif et solitaire, sans jamais dialoguer avec lui.

## La symphonie fait écho à ses lectures ferventes de Byron dans la campagne romaine

Pour Berlioz, s'identifier au héros de *Childe Harold's Pilgrimage*, le poème de Byron, c'est à la fois affirmer la filiation du poète au musicien, marier les brumes du nord de l'Europe au soleil de l'Italie, conjuguer enfin la poésie anglaise et Virgile, Hamlet et Roméo, Elseneur et Vérone. Car si Berlioz a connu l'ennui à Rome, il y a rencontré la solitude exaltante et désolée au sein d'une nature sauvage, et a ramené d'Italie des impressions brûlantes.

En quatre mouvements grisés de couleurs et de rythmes, Berlioz renouvelle le principe de l'idée fixe. Il réutilise également les meilleures pages de son ouverture de *Rob Roy*, mal accueillie lors de sa création en 1833, et rend hommage au Beethoven de la *Neuvième Symphonie* en citant les motifs des trois premières parties au début de son finale.

L'œuvre est créée le 23 novembre 1834, salle du Conservatoire, avec un grand succès, même si Berlioz, quelques jours plus tard, reçoit une lettre anonyme qui l'encourage au suicide. Le soliste est Chrétien Uhran, «l'altiste mystique», et non Paganini, qui est à ce moment en voyage.

Les mois qui suivent sont tout entiers consacrés à *Benvenuto Cellini*. A peine Berlioz prend-il le temps d'écrire une cantate sur la mort de Napoléon, *le Cinq-Mai*, pendant l'été 1835.

Même s'il reconnaît que *le Barbier de Séville* est un authentique chef-d'œuvre, Berlioz reprochera toujours à Rossini, «le gros homme gai», d'avoir mis la musique au service des acrobaties vocales pratiquées par les divas.

**Désormais, Berlioz est une célébrité, ce qui ne manque pas de susciter des jalousies**

Liszt écrit une fantaisie sur deux thèmes du *Retour à la vie,* participe à plusieurs concerts de son ami, prend sa défense dans les journaux. Son poste de critique musical, même s'il fait souffrir Berlioz en lui dérobant de plus en plus de temps, lui procure une «position armée» d'où il peut défendre, sans faiblesse ni concession, ses conceptions du beau et de l'idéal. Mais il lui cause également bien des inimitiés parmi les médiocres – compositeurs de second ordre et directeurs sans envergure – qui sont aussi les puissants du jour.

A la fin de 1836, la composition de *Benvenuto* est presque terminée.

**Comme d'autres attendent leur tour à l'Opéra, Berlioz sait que la création de son ouvrage en est d'autant retardée**

C'est alors que l'occasion va lui être donnée de reprendre son projet d'écrire un *Dernier Jour du monde.* Le ministre de l'Intérieur, «désireux de remettre en honneur en France la musique religieuse», lance l'idée de commander chaque année à un compositeur français une messe ou un oratorio. Proche du pouvoir grâce au *Journal des débats,* Berlioz est le premier choisi : le *Requiem* qu'il va écrire, lui assure-t-on, sera exécuté aux frais du gouvernement, le jour du service funèbre célébré tous les ans pour les victimes de la révolution de 1830.

Le sujet l'enflamme et en moins de trois mois la grandiose partition est achevée.

Paganini juge trop peu flatteuse pour son Stradivarius la partie d'alto solo ménagée par Berlioz dans la fantaisie dramatique qui deviendra *Harold en Italie,* et que le violoniste infernal ne découvrira que quatre ans plus tard.

**Les «merveilleux jardins» d'Italie**

À l'image du peintre Turner (1775-1851), dont la vision romantique du monde est très proche de la sienne, Berlioz parcourt l'Italie jusqu'à l'épuisement pendant plus d'un an, en quête de brigands, de «pauvres vieux couvents déserts», de ruines, de «grands bois de châtaigniers au noir feuillage», de poudre et de cigares, de cloches lointaines et de tambours de basque. Il jouit d'une «liberté vraie, absolue, immense!» A l'art officiel italien, il préfère les mandolines, les musettes et le stimbalo des paysans, ou la chanson d'amour d'un *ragazzo*. Au moins cette musique a-t-elle «de la naïveté et du caractère». Cette effusion, cet enthousiasme à évoquer des atmosphères et des paysages, on en retrouve l'écho dans le vaste élan lyrique et l'incomparable plastique de ses mélodies. Dans *Harold en Italie*, le son du cor anglais, celui de l'alto, «tristement passionné» et «d'une mélancolie profonde», évoquent le trouble enivrant de son imagination.

## Couleur et dessin

Delacroix et Berlioz se connaissaient et s'appréciaient peu, même si leurs thèmes d'inspiration étaient en partie communs. A l'auteur de la *Symphonie fantastique*, Delacroix a toujours préféré Mozart; plutôt que le peintre de *Dante et Virgile aux enfers*, Berlioz a choisi la lumière et les soirs de Claude Lorrain. Théophile Gautier les rapprochait cependant volontiers, et on peut en effet trouver chez les deux artistes un goût partagé pour la couleur et le mouvement, qui s'expriment en musique par la richesse des timbres, la complexité des rythmes et l'originalité du dessin des mélodies. Dans son souci de maîtriser l'espace tel un paysage ou une toile aux vastes proportions, Berlioz dispose ses forces musicales, voix et instruments, de manière à rendre au mieux justice à ses partitions. L'un des premiers, il impose des orchestres nombreux, afin d'exalter la dynamique et le relief de sa musique et d'en souligner les multiples nuances; il raffine ses choix instrumentaux afin d'obtenir les couleurs les plus neuves et les plus précises, substance même de son langage musical.

Berlioz a vu grand : un ténor solo, plusieurs centaines de choristes, un orchestre géant comprenant notamment dix-huit contrebasses et huit paires de timbales, auquel il ajoute quatre ensembles de cuivres «qui doivent occuper chacun un angle de la grande masse vocale et instrumentale».

## Plus de deux siècles après Giovanni Gabrieli, Berlioz renoue avec l'idée d'une disposition spatiale des forces musicales

Celle-ci lui permet de s'emparer de l'auditeur par l'impression physique irrésistible que produit la musique. Mais, soucieux de frapper l'imagination au plus juste, il écrit une œuvre austère et grave faite de grandes arches mélodiques où la nuance piano est la plus fréquente. Il réserve ce que David Cairns appelle son «artillerie apocalyptique» à certains moments clés où l'irruption soudaine des fanfares et des percussions exprime l'écroulement des mondes, la débâcle et le désespoir de l'humanité avec un faste et une violence cataclysmiques.

Berlioz, avec cette *Grande Messe des morts,* agit plus que jamais en musicien visionnaire qui explore les contrées inconnues de son art : même s'il convoque un nombre considérable d'exécutants, c'est toujours dans un souci de contraste, de relief et de variété des couleurs; les trombones et les flûtes de l'*Hostias,* célèbre exemple, qui semblent embrasser des espaces immenses, valent d'abord par l'alliage inouï de leurs timbres. Le silence, le fracas et la transparence jouent chacun leur rôle dans l'économie de l'ouvrage. Le *Requiem*, par son audace autant que par son ampleur, marque une date dans l'histoire de la musique sacrée.

## L'époque est à l'agitation : révolution en 1830, émeutes en 1832, attentat de Fieschi contre Louis-Philippe en 1835

La cérémonie de juillet est brutalement annulée pour des raisons politiques. «A présent, me voilà avec le plus grand ouvrage musical qu'on ait jamais écrit, je pense, comme Robinson avec son canot, impossible de le lancer.»

« Tout corps sonore mis en œuvre par le compositeur est un instrument de musique. »

Il faudrait à Berlioz un événement jugé historique ou une circonstance d'envergure nationale pour que l'Etat lui permette de créer son *Requiem*. L'été passe. Lesueur meurt au mois d'octobre. Quelques jours

En opposant les masses et les détails, Berlioz joue avec la dynamique. En distinguant des plans sonores successifs, il inaugure une saisissante «topologie» musicale, selon le mot de Pierre Boulez. Et il produit avec le *Requiem* une œuvre étrange et neuve qui fait écrire à Alfred de Vigny, après la cérémonie aux Invalides (ci-dessous), dans son *Journal d'un poète* : «La musique était belle et bizarre, sauvage, convulsive et douloureuse.»

plus tard, la prise de Constantine est annoncée à Paris. Le général Damrémont vient de mourir sous les murs de la ville. Aubaine ! Berlioz y voit le salut pour sa partition, écrit au ministre de la Guerre, et réussit à imposer son *Requiem*.

Le 5 décembre 1837, en la chapelle Saint-Louis-des-Invalides, a lieu la première audition de l'œuvre, sous la direction de Habeneck (encore), «devant les princes, les ministres, les pairs, les députés, toute la presse française, les correspondants des presses étrangères et une foule immense». L'événement est considérable.

**Le succès, et après ? Berlioz sait que ce genre de victoire reste sans lendemain. Seul le théâtre peut lui assurer un avenir musical à Paris**

En mars 1838, enfin, *Benvenuto* entre en répétitions à l'Opéra. «Nonchalance», «dégoût évident», «mauvaise humeur» du chef d'orchestre (Habeneck, toujours lui !), «sourdes rumeurs», «observations stupides», tels sont les signes de l'«hostilité générale» que rencontre *Benvenuto* lors des répétitions. On regarde Berlioz «comme une espèce de fou dont la musique [n'est et ne peut être] qu'un tissu d'extravagances».

Que peuvent comprendre les habitués de l'Opéra à une telle partition ? Avec *Benvenuto*, Berlioz produit une œuvre singulièrement irrévérencieuse. Il s'y moque des pouvoirs et de l'Eglise – le Pape, sous la pression de la censure, doit être transformé en cardinal ; il raille à la fois les artistes officiels sans talent et les trésoriers cupides ; il parodie dans sa musique les roulades à la Rossini et les poncifs du grand opéra ; surtout, il exalte l'Artiste : Benvenuto Cellini, l'artiste florentin, est évidemment le double de Berlioz lui-même, qui a composé sa partition comme il aurait écrit une symphonie, exigeant de l'orchestre une précision et une virtuosité inconnues jusqu'alors au théâtre, où les musiciens sont plutôt habitués à platement accompagner les chanteurs.

Le *Requiem* et *Benvenuto*, partitions à première vue très dissemblables, puisent tous deux certains de leurs motifs dans la *Messe solennelle* de 1824, retrouvée en 1991, prodigieux creuset d'intuitions et d'idées.

Après l'âpre grandeur traversée de clameurs paniques et de tumultes comme des tremblements de terre de la *Grande Messe des morts*, *Benvenuto Cellini* est l'opéra de la virtuosité rythmique, de l'abondance mélodique et de la multiplicité des couleurs. Chatoyante et nerveuse, capricieuse et toujours élégante, la musique de *Benvenuto* est celle de l'allégresse dont est possédé le créateur. Berlioz, même s'il ne rompt pas avec l'alternance des récitatifs, des airs, des ensembles et des chœurs, chère à la tradition de l'opéra, signe là une partition d'une originalité radicale, isolée dans la première moitié du XIXe siècle, et dont l'insuccès sera fatal à sa carrière de compositeur lyrique.

Avec *Benvenuto Cellini*, trop intègre, trop plein d'une exigence qui l'honore mais dépasse de mille coudées l'intelligence et la sensibilité de ceux qui fréquentent l'Opéra, Berlioz est victime de sa sublime insolence et connaît le destin fatal des perdants magnifiques.

Mais s'il a donné la vie à un geyser orchestral, les chœurs eux aussi sont à la fête. Ils incarnent un personnage à part entière, riche, complexe, vivant : le peuple de Rome lui-même.

## Berlioz a fait de sa partition un creuset flamboyant où sont fondus nombre de ses souvenirs d'Italie

Etourdissante et inspirée, la partition de *Benvenuto* – «*Malvenuto*», l'appellent ses détracteurs – est visiblement trop complexe pour ceux qui vont la recevoir. Quant au livret, qui mêle sans complexe E. T. A. Hoffmann (le conte *Salvator Rosa*) et Benvenuto Cellini lui-même (ses *Mémoires*) et n'hésite pas à recourir à tous les registres du langage, du plus noble au plus populaire, comme l'ont enseigné les drames de Shakespeare, il trouble, étonne, choque un public habitué à une emphase uniforme. Berlioz, pour conquérir, a délibérément provoqué.

*Benvenuto*, le soir du 10 septembre 1838, subit une «chute éclatante».

L'ouvrage ne connaît que trois représentations intégrales, des coupures étant opérées dès le soir de la première, après quoi deux des chanteurs principaux se retirent. Berlioz tombe malade.

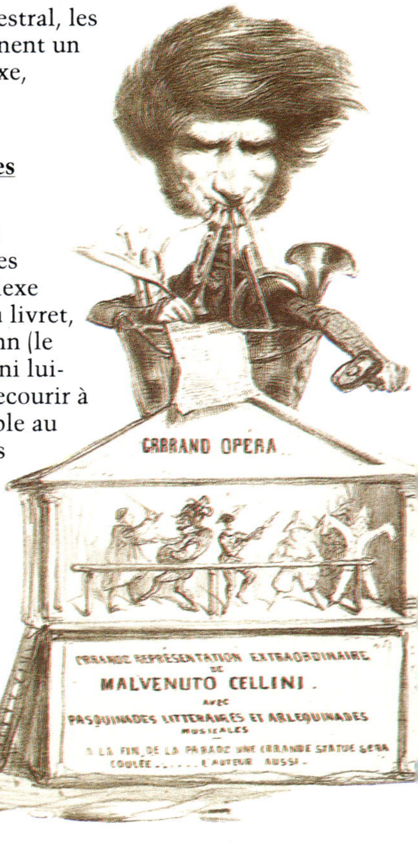

## Le compositeur retourne alors vers son public, celui des concerts

Pour Berlioz, ce public est bien le seul qui comprenne la nouveauté, la noblesse ardente et la générosité de sa musique. Momentanément délivré des soucis matériels, il choisit d'écrire «une symphonie avec chœurs, solos de chant et récitatif choral, dont le drame de Shakespeare, *Roméo et Juliette,* serait le sujet sublime et toujours nouveau».

A nouveau il oublie tout. Et à nouveau il invente une forme nouvelle, mêlant le chant à la symphonie, faisant précéder le premier mouvement instrumental d'un vaste prologue qui annonce ce qui va suivre, concluant l'ensemble par un majestueux finale où, pour la seule fois, intervient un personnage : le père Laurence. Avec *Roméo et Juliette,* Berlioz ne se frotte plus aux réalités du théâtre. Il donne la vie à un drame rêvé où toutes les audaces sont permises, où l'invention est reine, où la musique est la plus complexe, la plus luxueuse, la plus raffinée qu'on puisse imaginer. Jamais l'orchestre de Berlioz n'a été à ce point évocateur : la tristesse, la fête, l'amour fou, la mélancolie, c'est aux instruments seuls que Berlioz les confie, jusqu'aux pages arachnéennes de «la Reine Mab ou la fée des songes» et à l'étreignant tableau de «Roméo au tombeau des Capulets».

L'œuvre est créée le 24 novembre 1839, salle du Conservatoire, sous la direction de Berlioz lui-même et devant un parterre d'artistes qui fera dire à Balzac : «C'était un cerveau que votre salle de concert.» L'exécution est foudroyante. Richard Wagner est présent à Paris depuis peu. Agé de vingt-six ans,

“ Vous dire toutes les menées, intrigues, cabales, disputes, batailles, injures, auxquelles [*Benvenuto*] a donné lieu est impossible. C'est un miracle d'en être resté le maître; la fureur de certains journaux contre ce qu'ils appellent mon système peut vous donner une idée très affaiblie de l'acharnement de la lutte. On en est à faire des brochures pour et contre. C'est une mêlée dans laquelle mes défenseurs disent presque autant de folies que mes détracteurs. (...) Les Français ont la rage de disputer sur la musique sans en avoir les premières notions ni le sentiment. ”

Hector Berlioz,
lettre du
20 septembre 1838

il vit dans une obscurité proche de la détresse. Présent à la troisième audition de *Roméo*, il est ébloui : «Nous devons honorer Berlioz comme le véritable rédempteur de notre monde musical.»

## De telles soirées donnent à nouveau l'impression d'une victoire glorieuse mais vaine

A Paris, un concert, même triomphal, rapporte peu. Et comme l'Opéra lui est fermé depuis la chute de *Benvenuto*, c'est par le seul journalisme que Berlioz peut espérer survivre. L'ennui, à nouveau.

Heureusement, le musicien connaît les ministres. Celui de l'Intérieur, en avril 1840, lui passe commande d'une œuvre destinée à l'inauguration de la colonne de la Bastille. Ce sera la *Grande Symphonie funèbre et triomphale*. L'impressionnante «Marche funèbre», «terrible et

Lors du concert du 16 décembre 1838, au cours duquel Berlioz dirige *Harold en Italie*, Paganini découvre la partition dont il a été l'instigateur quatre ans plus tôt. Ebloui, il monte sur la scène, s'agenouille devant Berlioz et lui baise la main. Acclamations. Le surlendemain, il envoie au compositeur une lettre : «Beethoven mort, il n'y avait que Berlioz qui pût le faire revivre», accompagnée de la somme de vingt mille francs.
Ce don permettra la composition de *Roméo et Juliette*.

La *Symphonie funèbre et triomphale* fait partie des œuvres dites «architecturales» de Berlioz et reprend, comme le *Requiem*, certaines idées inabouties. Créée le 28 juillet 1840, elle requiert une gigantesque harmonie militaire qui réunit notamment trente-trois clarinettes et un pavillon chinois.
Cet ensemble permet à Berlioz d'inventer des sonorités nouvelles et de transcender ce genre de musique pour vents et percussions.
La «Marche funèbre» fait résonner les ciels noirs et cuivrés des champs de bataille; «l'Oraison», solennelle puis recueillie (avec un solo de trombone inattendu), s'enchaîne directement à l'éclatante «Apothéose».

désolée», est jouée en cortège du Louvre à la Bastille, «l'Oraison» et «l'Apothéose» sont exécutées sur la place de la Bastille.

Mais Berlioz, sensible aux phénomènes de l'acoustique, préoccupation très neuve pour son temps, prend le soin de faire exécuter sa symphonie salle Vivienne, une fois la cérémonie officielle passée, car «il n'y a pas de musique possible en plein air». Le journal *le Charivari* parle d'«Emberlificoz». Certains jeunes gens, exaltés «jusqu'à l'extravagance», s'avisent «de prendre des chaises et de les briser contre terre en poussant des cris». Richard Wagner, lui, trouve la symphonie «grande, de la première à la dernière note».

C'est à cette époque également que Berlioz écrit *les Nuits d'été*, six mélodies pour chant et piano – elles seront orchestrées par la suite – sur des poèmes extraits de *la Comédie de la mort* de Théophile Gautier, son ami et fidèle soutien dans les journaux. Il commence aussi à composer *la Nonne sanglante*, sur un livret de Scribe, le librettiste favori de Meyerbeer. Cet opéra ne sera jamais achevé.

## 1840 est l'année où Berlioz invente le mot «festival» à l'occasion d'un concert donné à l'Opéra avec le concours de quatre cent cinquante exécutants

Les mois qui suivent sont à la fois tristes et surmenés : feuilletons à écrire sur «mille niaiseries lilliputiennes»; concerts à organiser; préparatifs de la reprise du *Freischütz* de Weber à l'Opéra (pour laquelle Berlioz écrit des récitatifs et orchestre *l'Invitation à la valse*); délabrement du foyer de Berlioz – Harriett ne laisse guère de sérénité à son mari, «accusé, torturé de mille façons et toujours injustement, ne trouvant plus de paix ni de repos chez [lui]». Il prépare alors «un véritable coup d'Etat» domestique : comme l'Opéra ne veut pas de ses ouvrages et comme les concerts à Paris rapportent peu, Berlioz va diriger sa musique à l'étranger. Le 19 septembre 1842, il part pour Bruxelles en compagnie d'une jeune cantatrice, Marie Recio.

Marie Recio, même si elle est une maîtresse aussi possessive qu'une chanteuse médiocre, remplace dans la vie de Berlioz la compagne aigrie qu'est devenue Harriet et suit le musicien lors de la plupart de ses tournées.

Protégé par le gouvernement mais indésirable à l'Opéra, Berlioz est en 1840 dans une position paradoxale. Décidé à donner des concerts à l'étranger, il ne se résignera toutefois jamais à s'installer définitivement hors de France : «Il n'y a au monde que Paris; c'est une ville électrique qui attire et repousse successivement mais vers laquelle en définitive il faut toujours revenir quand on l'a habitée et surtout quand on est français.»

Une «position armée» de journaliste et quelques commandes officielles ne suffisent pas à faire vivre Berlioz. Au seuil des années 1840, plus rien ne retient le compositeur à Paris, pas même sa femme, Harriet, quasiment délaissée. En 1842, il prend une décision qui va l'engager pour sa vie entière : sillonner l'Europe. L'artiste sans public devient musicien voyageur.

## CHAPITRE IV
# LA VIE EST AILLEURS

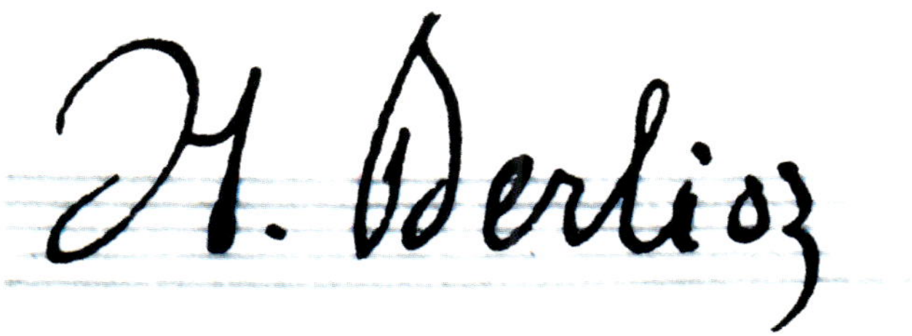


« Le poète est toujours malheureux parce que rien ne remplace pour lui ce qu'il voit en rêvant. »

Alfred de Vigny,
*Journal d'un poète*

Cette fois, ce n'est pas en fiancé inquiet que Berlioz prend la route, mais en mari lassé. Marie Recio, qui l'accompagne, a onze ans de moins que lui. Elle est née en 1814, d'un père chef de bataillon et d'une mère espagnole. De son vrai nom Marie Martin, elle se fait appeler Recio afin de donner quelque lustre à son chimérique destin de chanteuse. Marie permet à Berlioz un regain de sensualité, qui fait illusion.

En décembre 1842, après un premier voyage à Bruxelles, il entreprend à travers l'Allemagne une grande tournée de concerts qui durera jusqu'en mai. Il se rend à Mayence, puis à Francfort, Stuttgart, Hechingen, Karlsruhe, Mannheim, Weimar, Leipzig, Dresde, Brunswick, Hambourg, Berlin, Hanovre, enfin Darmstadt. Partout ou presque, il organise des concerts de ses propres œuvres, symphonies et ouvertures, auxquelles il ajoute *Rêverie et caprice pour violon et orchestre*, qu'il a récemment écrit d'après un thème primitivement destiné à *Benvenuto*.

## Il lui faut adapter ses programmes aux effectifs musicaux des villes où il se rend

Ainsi se résout-il à ne pas monter le finale de *Roméo et Juliette*, par exemple, si les chœurs sont déficients, voire à modifier l'instrumentation de certains morceaux si les moyens locaux s'avèrent

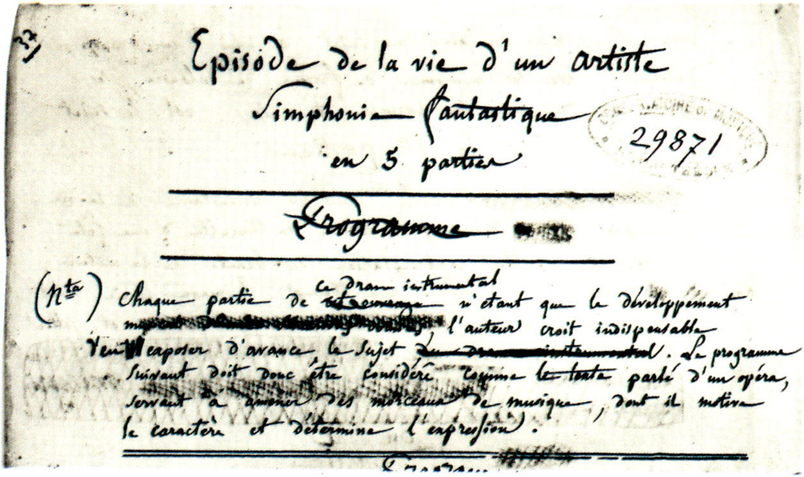
Episode de la vie d'un artiste
Simphonie fantastique
en 5 parties
Programme
(Nta) Chaque partie de ce drame instrumental n'étant que le développement [illegible] l'auteur croit indispensable d'exposer d'avance le sujet [illegible]. Le programme suivant doit donc être considéré comme le texte parlé d'un opéra, servant à amener des morceaux de musique, dont il motive le caractère et détermine l'expression.

insuffisants : à Weimar, une clarinette remplace un cor anglais défaillant, un piano se substitue aux deux harpes de la *Symphonie fantastique*. Berlioz éprouve par là le talent et l'habileté des instrumentistes d'outre-Rhin et, tout en perfectionnant son art de chef d'orchestre, fait découvrir aux Allemands un monde musical nouveau, le sien. Partout, Berlioz suscite l'intérêt, la curiosité, l'enthousiasme; il étonne, il séduit, il entraîne. Les musiciens, le public, les princes eux-mêmes l'accueillent avec chaleur. Les toasts succèdent aux banquets, les cadeaux se multiplient. Nul doute que ce Français, avec son allure conquérante et les étrangetés de ses compositions, s'est emparé de la musique là où Beethoven l'avait laissée. Quel contraste avec Paris! A Leipzig, il retrouve Mendelssohn, qui l'aide avec dévouement, et rencontre Robert et Clara Schumann.

Sa culture, son sens de l'arabesque (à la fois le voyage et la longue mélodie sinueuse), sa propension au rêve, son amour de la nuit, sa nostalgie incoercible de l'enfance, sont autant d'éléments qui prédisposent Berlioz à un contact intime et fécond avec l'Allemagne. L'univers poétique du premier saura répondre à la chaleureuse invitation de la seconde, au point que Berlioz songera même à accepter le poste de maître de chapelle qu'on lui offre à Dresde en 1854.

## A Dresde, il revoit Richard Wagner

Après ses obscures années parisiennes, Wagner est devenu un chef d'orchestre et surtout un compositeur désormais célèbre. Et lui aussi se met au service de Berlioz, qui l'attire toujours, décidément, par son superbe désintéressement et sa quête infatigable et désespérée de l'idéal. Berlioz, lui, écoute avec attention *Rienzi* et *le Vaisseau fantôme,* remarque le courage et la personnalité du jeune musicien sans être vraiment bouleversé par ses compositions.

Il s'irrite de la présence par trop envahissante de Marie. Il étouffe. A Francfort, il s'enfuit presque clandestinement... elle le rejoint à Weimar ! Elle s'impose comme chanteuse lors de certains concerts. Berlioz orchestre pour elle «Absence» des *Nuits d'été* malgré ses propres réticences : «Elle miaule comme deux douzaines de chats.» Pourtant leur union est désormais indissoluble.

Voyager
Belgique et Allemagne
Souvenirs = Bêtises =
improvisation
etc.

## Berlioz est à Paris en mai. Il retrouve Harriet, mais pour s'en séparer à demi officiellement

Son fils Louis, âgé de dix ans, le retient encore; la mère de Marie, de l'autre côté, le traite comme un gendre... Très vite, il aura deux foyers à sa charge.

Il reprend sa corvée de journaliste, et annonce aussi la publication de deux ouvrages, qui verront le jour l'année suivante : son *Traité d'instrumentalisation et d'orchestration modernes*, dédié à sa majesté Frédéric Guillaume IV,

En 1843, Berlioz découvre les paysages romantiques de l'Allemagne, qu'il avait rêvés dix-neuf ans plus tôt en écoutant la musique de Weber.

roi de Prusse, ouvrage qui le couronne dans sa maîtrise incontestée de l'orchestre ; et son *Voyage musical en Allemagne et en Italie,* qui confirme ses dons éblouissants d'écrivain.

1844 voit aussi la création de l'ouverture du *Carnaval romain,* construite sur deux thèmes de *Benvenuto Cellini,* et la composition de plusieurs pages brèves comme l'*Hymne à la France,* la poignante *Marche funèbre* pour la dernière scène d'*Hamlet,* et l'ouverture de *la Tour de Nice* (écrite à Nice, précisément, en septembre) qui deviendra plus tard *le Corsaire.*

L'ouverture du *Carnaval romain,* tendre et exubérante – comme dans *Harold en Italie*, Berlioz confie au cor anglais une mélodie pleine de tendresse et réserve le tambour de basque pour le tourbillon déchaîné qui suit –, magnifie le séjour italien du compositeur. Il évoquera dans *la Damnation* le même frémissement de la vie et des passions, mais dans les couleurs plus inquiétantes de la vieille Allemagne. La même année que *le Carnaval,* la douloureuse «Marche funèbre» écrite pour la dernière scène d'*Hamlet* (à droite, Hamlet au cimetière) trahit la mélancolie qui l'abîme.

Berlioz se dépense également en tant que chef d'orchestre. Il multiplie les concerts : certains avec Liszt; d'autres dans des lieux insolites comme ce Cirque olympique, à l'occasion de l'Exposition des produits de l'industrie ; d'autres encore à Marseille et à Lyon, qui lui donnent l'occasion de rendre visite à son père en 1845 à La Côte-Saint-André.

Le spleen le tenaille.

## L'inauguration de la statue de Beethoven à Bonn, en août 1845, lui rappelle les seuls remèdes possibles : la composition musicale et le voyage

Simultanément au périple qu'il entreprend en octobre en direction de l'Autriche, il songe à retravailler ses *Huit Scènes de Faust* de 1828. Il se reconnaît plus que jamais en Faust. Naguère il écrivait déjà : «Le voyage sur le Rhin est une chose admirable et tous ces vieux châteaux, ces ruines, ces montagnes sombres m'ont fait rêver tout éveillé, bercé par les souvenirs des poèmes de Goethe et des contes d'Hoffmann.»

Cette fois, il s'abandonne tout à fait à son désir enfoui, donnant raison à un article paru quelques mois plus tôt dans la presse allemande, selon lequel la fantaisie seule de Berlioz lui dicte des lois.

Cette seconde tournée se révèle aussi prometteuse que la première : acclamations, réceptions officielles (Berlioz rencontre Metternich!), présents et décorations, enthousiasme de tous. De novembre 1845 à mai 1846, Berlioz donne des concerts retentissants à Vienne, à Prague, à Budapest, à Breslau, et achève son voyage par Dresde, Leipzig et Brunswick. Le succès l'encourage, l'inspiration lui vient spontanément, il compose tout en voyageant, conscient que *la Damnation de Faust* sera une œuvre grande et neuve : «Je l'écrivais quand je pouvais et où je pouvais ; en voiture, en chemin de fer, sur les bateaux à vapeur, et même dans les villes, malgré les soins divers auxquels m'obligeaient les concerts que j'avais à y donner.»

Et puis, ne s'est-il pas emparé, sur les avis de Franz Liszt, d'un thème national hongrois pour en faire sa *Marche de Rakoczy*, qui reçoit un succès

Ronde, marche, chanson, fugue, berceuse, valse, air, menuet, sérénade, duo, trio... Berlioz convoque dans *la Damnation de Faust* une série de formes musicales auxquelles il offre la plénitude de son art. La Ballade du roi de Thulé et la romance de Marguerite (qui utilisent l'une un alto solo et l'autre un cor anglais) comptent parmi ses plus belles réussites mélodiques.

Avec le théâtre An der Wien, où Berlioz donne ses concerts, le théâtre Impérial (ci-dessous) est une des plus célèbres salles de la capitale.

délirant à Budapest, où vibre plus que jamais la fibre patriotique ? Le triomphe réservé à cette marche, que Berlioz décide d'inclure dans sa partition, est selon lui un signe prémonitoire...

## «La Damnation» obligera enfin Paris à le reconnaître. C'est sûr de lui et d'un succès proche et définitif qu'il rentre en France

Le temps de se rendre à Lille, en juin, où l'inauguration de la gare a lieu avec son très saint-simonien *Chant des chemins de fer,* et Berlioz est tout à la préparation de sa légende dramatique. Car il n'a pas conçu sa *Damnation* comme un opéra traditionnel, mais comme un opéra de concert (premier sous-titre donné au nouvel ouvrage), un opéra pour «l'œil de l'esprit», dira David Cairns, le biographe anglais de Berlioz.

Distribuée en quatre parties, la vingtaine de scènes que comprend *la Damnation* compose une suite de tableaux fort contrastés, d'une animation et d'une densité d'expression exceptionnelles. L'amour et la désillusion, l'errance perpétuelle et l'attirance pour le suicide, le sens du défi ainsi que cette nostalgie de l'enfance perdue et de la nature maternelle ou consolatrice, trouvent là un creuset idéal pour se fondre dans une œuvre écrite avec le feu des passions, qui est pour Berlioz à la fois un bilan et une affirmation de sa foi en son génie créateur. L'œuvre, ne fût-ce que par son titre, est de

À la fois très passionné et très détaché, Berlioz rappelle par certains côtés l'ange noir Méphistophélès, le double de Faust, élégant et moqueur, pessimiste et léger. Tel un voyageur ailé, Méphisto emmène Faust à travers une succession de lieux, de paysages et d'ambiances qui confère à *la Damnation* sa puissance expressive, sa concision et son unité issue de l'extrême variété des situations musicales.

couleur sombre. C'est sans doute dans le personnage de Méphistophélès que Berlioz a mis le plus de relief : comédien cynique et fourbe stratège, c'est en vainqueur triomphant qu'il invoque, à la fin de la Course à l'abîme, les «cohortes infernales» qui vont engloutir Faust et se déchaîner dans le Pandaemonium. Dans cette page, Berlioz utilise une langue inconnue pour son chœur de démons et de damnés. C'est Méphistophélès qui aurait dû donner son titre à l'opéra que Berlioz, vers 1847, projettera d'élaborer en compagnie de Scribe à partir de l'essentiel de *la Damnation*. Projet qui ne verra pas le jour.

Pour l'heure, le 6 décembre 1846, *la Damnation* subit un terrible échec. *Le Charivari* ironise : «La chanson du rat va passer inaperçue, puisqu'il n'y a pas un chat dans la salle.» Le fiasco est pire peut-être que celui de *Benvenuto*, huit ans plus tôt à l'Opéra; Berlioz, à quarante-trois ans, perd définitivement ses illusions quant à ses chances d'être jamais compris à Paris. «Rien dans ma carrière d'artiste ne m'a plus profondément blessé que cette indifférence inattendue.»

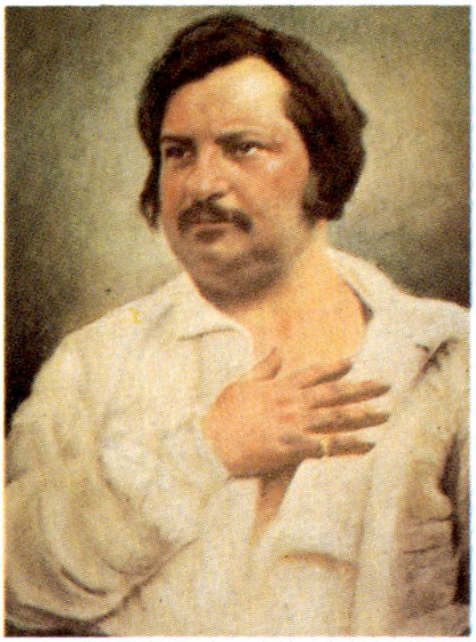

**Berlioz, qui a tout investi pour que sa «Damnation» voie le jour, est ruiné**

Il faut à nouveau qu'il parte pour tenter la fortune. «Il n'y a rien à faire dans cet atroce pays, et je ne puis que désirer de le quitter au plus vite. [...] Je suis comme les oiseaux de proie obligé d'aller chercher ma vie au loin; les oiseaux de basse-cour seuls vivent bien sur leur fumier.»

Balzac lui assure que des concerts en Russie peuvent lui rapporter une fortune et lui prête une pelisse. Berlioz s'emmitoufle dans le vaste vêtement, avec lequel il va traverser en train toute l'Europe du Nord enneigée. Il achève son voyage en traîneau. Le 28 février 1847, il est à Saint-Pétersbourg.

Seul compositeur français d'envergure à son époque, Berlioz représente l'idéal du musicien cultivé. Elevé dans l'amour de la poésie, des voyages et de la nature, il sera toute sa vie aimé et défendu par de hautes figures littéraires : Balzac (ci-dessous, à côté de l'Opéra de Saint-Pétersbourg), Hugo à un moindre degré, mais surtout Vigny et Gautier puis, plus tard, Flaubert et Barbey d'Aurevilly, en attendant Claudel au XXe siècle.

Grâce à son découpage quasiment cinématographique, *la Damnation* transporte l'auditeur de la Hongrie à l'Allemagne, de la terre aux enfers et au ciel. Avec cette nouvelle œuvre rebelle, Berlioz crée une forme inédite, celle de la légende dramatique.

Au tournant des années 1846-1848, après l'échec de «la Damnation de Faust», Berlioz vieillit tout à coup. Physiquement d'abord : le visage s'est altéré. Moralement ensuite : son mariage est définitivement délabré ; il subit par ailleurs la présence de Marie Recio davantage qu'il ne la désire ; il a conscience que son destin est d'être éternellement cet artiste sans public en quête d'une vaine reconnaissance.

CHAPITRE V

# LA FIN DES ILLUSIONS

Port altier, énergie conquérante, insolence élégante, Berlioz restera toujours, malgré les coups et les épreuves, l'artiste fier et intransigeant en conformité avec son seul idéal.

**«Pauvre grand génie aux prises avec les trois quarts de l'impossible!» écrit Franz Liszt**

La mélancolie, toujours, et des voyages pour lui donner corps, mais aussi toujours l'ardeur : à Saint-Pétersbourg, Berlioz va connaître une «trombe de passion» pour une jeune choriste, «un amour poétique, atroce et parfaitement innocent». Au bord de la Neva, il lui chante le thème d'amour de *Roméo* en lui serrant le bras. *Roméo*, cette symphonie dont la conception étonnante et le pouvoir évocateur inouï connaissent les plus grands succès lors de ses concerts.

Car Berlioz remporte des succès foudroyants ; à Saint-Pétersbourg comme à Moscou, on célèbre un novateur, un visionnaire, un maître. La tsarine elle-même vient le voir. Il est sauvé, il est même riche ! Il existe à cette époque, en Russie, une musique nouvelle, une musique encore à naître, prête à succéder à l'engouement

De Glinka au groupe des Cinq, de Tchaïkovski à Prokofiev et Stravinski, la musique russe a une dette immense envers l'originalité des conceptions berlioziennes : importance du rythme, rôle joué par le timbre et le son brut, ampleur de la mélodie… Moussorgsky (1839-1881) mourut avec le *Traité d'instrumentation* sur son chevet.

pour l'italianisme, désormais bien dépassé. Cette jeune musique saura se souvenir avec fruit des leçons d'audace et d'invention du musicien voyageur.

Sur la route du retour, nouveau serrement de cœur : à Riga, port sur la mer Baltique, Berlioz revoit *Hamlet* et compose une *Mort d'Ophélie*. Avec la *Marche funèbre* de 1844, et une *Méditation religieuse* écrite en Italie, sur un texte de Thomas Moore, en 1831, cette *Mort d'Ophélie* fera partie du triptyque *Tristia* – étreignants fragments épars d'un *Hamlet* jamais composé. Lui qui a gagné tant de batailles, en Allemagne et en Europe centrale, qui rentre victorieux de sa campagne de Russie, est un homme brisé : «La foi me manque.» Mais son énergie est toujours étonnante.

Qui peut reconnaître «la race sublime et exaltante des Delacroix et des Berlioz» qu'évoquait F. Nietzsche ?

**En novembre 1847, le voici à Londres, chef d'orchestre au Théâtre de Drury-Lane**

L'entreprise, due à l'imprésario Jullien, va très vite péricliter. Berlioz, devant cette infortune, commence à rédiger ses Mémoires, dont la première page est datée du 21 mars 1848. Cette plongée dans les rêves et les grandes espérances de sa jeunesse soulage un instant sa tristesse et lui redonne des forces pour continuer à se battre. Or, à cette époque, «Paris achève d'enterrer ses morts». C'est une ville dévastée par la Révolution que retrouve Berlioz. L'heure n'est pas à la générosité envers les artistes, les soucis sont tout autres. Et le temps n'est plus, comme en 1830, où Berlioz allait s'encanailler joyeusement avec les insurgés.

**Le 28 juillet 1848, le père de Berlioz meurt : épreuve accablante pour le musicien**

«Je suis maintenant dans un état de découragement complet, il me semble que ma vie n'a plus de but; instinctivement il y avait toujours dans mes efforts une tendance vers mon père, un désir de le voir les approuver, une espérance qu'il en serait fier... et maintenant...» Sa mère est morte dix ans auparavant. Il lui reste sa sœur Adèle, toujours fidèle, toujours adorée. Nanci, elle, s'est un peu trop formalisée de la liaison illégitime de son frère avec Marie Recio...

Invité à une réception, un soir de 1850, Berlioz s'ennuie. S'emparant d'un cahier de musique, il griffonne un morceau puis, s'adressant à son ami l'architecte Duc : «Maintenant, je vais mettre ton nom là-dessous, je veux te compromettre.» Et Berlioz d'attribuer son modeste chœur des bergers «à Pierre Ducré, maître de musique de la Sainte-Chapelle de Paris (1679).» Un mois plus tard, le morceau est joué et fort bien accueilli. Berlioz explique comment il l'a trouvé pendant la restauration de la Sainte-Chapelle et précise qu'il a eu beaucoup de peine à déchiffrer le manuscrit. Une dame s'exclame, émerveillée : «Ce n'est pas M. Berlioz, en tout cas, qui fera jamais rien de pareil!» La supercherie dévoilée, Berlioz ajoutera deux autres pièces au chœur de l'imaginaire Pierre Ducré. Ainsi naît *la Fuite en Egypte*, embryon d'une œuvre à venir.

La révolution de 1848, marquée d'épisodes insurrectionnels (à droite l'incendie du château d'eau à Paris) et de répressions brutales eut un écho, le «printemps des peuples», dans une grande partie de l'Europe.

A l'automne, c'est Louis, le fils de Berlioz, qui exprime le désir de quitter son père et de devenir marin ; il sera pensionné à Rouen avant de pouvoir réaliser ce désir. Car Harriet ne peut même plus s'occuper de lui : le 8 novembre, elle est victime de sa première attaque d'apoplexie, qui la laisse paralysée.

Au milieu de tant de revers, au sein d'un pareil isolement, Berlioz décide d'entreprendre la composition d'une œuvre faite d'élan et de majesté. Ce sera un *Te Deum*.

En l'écrivant, il renoue avec l'esprit du *Requiem*. Imposant par la hauteur de sa conception et la monumentalité de ses formes, ce nouvel ouvrage affirme la noblesse du style de Berlioz et son désir de donner vie à une musique intemporelle par sa beauté. Ecrit pour chœur, orchestre et orgue, le *Te Deum* fait dialoguer ces deux derniers, tels l'Empereur et le Pape, à chacune des extrémités de la nef. Car Berlioz a une idée derrière la tête : comme un nouveau Napoléon semble s'annoncer à l'horizon – Louis-Napoléon, futur Napoléon III, est élu président de la République le 10 décembre 1848 –, pourquoi ne pas imaginer qu'une vaste et glorieuse composition exaltant la majesté de Dieu, la lumière qu'il diffuse et la crainte qu'il inspire, puisse trouver sa place lors du sacre ou du mariage du souverain ?

À la différence des princes éclairés, protecteurs des arts, que Berlioz avait rencontrés en Allemagne, en Europe centrale et en Russie, Napoléon III ignore le musicien.

## Le prince-président néglige de recevoir Berlioz, d'ailleurs suspect d'orléanisme pour avoir collaboré au «Journal des débats»

De toute manière, c'est Meyerbeer, en attendant Offenbach, qui a la préférence de Louis-Napoléon et de son entourage. La première audition du *Te Deum* n'est pas à l'ordre du jour.

La vie reprend, avec son cortège d'ennui

et d'événements tristes : Nanci, l'aînée des sœurs de Berlioz, meurt en mai 1850. Louis, son fils, embarque pour l'Amérique ; voyager sur l'océan, devenir marin ! Louis va réaliser ce qui, dans l'esprit de son père, était resté une aventureuse idée poétique. La Société philharmonique, fondée par Berlioz à la fin de 1849, donne son dernier concert en avril 1851. A l'élection de l'Institut, il est battu par Ambroise Thomas, qui succède à Spontini, mort en janvier 1851. Il a cependant, mais c'est bien peu, été nommé bibliothécaire du Conservatoire.

Malgré ses fréquents voyages, Berlioz gardera jusqu'à sa mort son poste à la bibliothèque du Conservatoire.

## Plus que jamais à cette époque, Berlioz ne voit son salut qu'à l'étranger

Il se rend régulièrement à Londres, soit qu'il participe au jury de l'Exposition universelle (section des instruments de musique), soit qu'il dirige l'orchestre de la New Philharmonic Society.

Mais c'est d'Allemagne que va venir la bonne nouvelle : Liszt, installé depuis 1849 à Weimar en qualité de maître de chapelle, a l'idée de donner une seconde chance à *Benvenuto Cellini*. Belle preuve d'amitié, qui répond à celle donnée à Wagner deux ans plus tôt, quand Liszt avait permis à *Lohengrin* d'être créé à Weimar.

Berlioz ne peut pas assister aux représentations de son ouvrage qui ont lieu en mars 1852, mais il se met d'accord avec Liszt pour que *Benvenuto* soit à nouveau monté en novembre. C'est alors que les deux musiciens vont se livrer, sous le prétexte de ne pas effaroucher le public allemand par un spectacle trop long et trop complexe, à une révision navrante de la partition, Berlioz mutilant son ouvrage sur les conseils de son ami,

Lors de la création du *Premier Concerto pour piano* de son ami Liszt en 1855 à Weimar, c'est Berlioz qui dirige l'orchestre.

coupant des scènes, en déplaçant d'autres pour préserver quelques pages, réduisant finalement les quatre vastes tableaux à une version en trois actes sans nerf ni cohérence dramatique. Mais *Benvenuto* triomphe («Grandissime succès!»), et Berlioz est persuadé qu'il a corrigé son opéra dans le bon sens. Il mesure également ce qu'il doit à «cet excellent Liszt», également chef d'orchestre en l'occurrence. C'est ainsi ressuscité que *Benvenuto* sera représenté, en italien, le 25 juin 1853 à Covent Garden; mais cette fois l'œuvre tombera sous les coups d'une cabale.

1852 voit aussi la publication de la version définitive de l'Ouverture du *Corsaire* d'après Byron, précédemment baptisée *la Tour de Nice*, et des *Soirées de l'orchestre*, recueil de chroniques et de nouvelles musicales écrites dans une veine proche des *Contes* d'E. T. A. Hoffmann, et qui s'achève sur l'étonnante évocation d'*Euphonia*, la cité utopique de la Musique.

L'ouvrage connaît un certain succès, mais n'améliore en rien la condition du musicien à Paris. C'est pourquoi il entreprend de nouveaux voyages musicaux en Angleterre et en Allemagne.

## Le 3 mars 1854, Harriet meurt

C'est une délivrance pour elle comme pour son mari. «Si elle fût morte vingt-cinq ans auparavant, tout le Paris intelligent eût assisté par admiration, par adoration pour elle, à ses obsèques.» Mais en 1854, c'est l'oubli. C'est par compassion pour lui qu'une poignée de fidèles assiste à la cérémonie.

Berlioz attendra le 19 octobre pour épouser Marie Recio. L'année passe alors, plus éreintante et monotone que jamais : concerts en Allemagne, échec à l'Institut. Mais il écrit une cantate, *le Dix Décembre* ou *l'Impériale*, et se décide à donner une tout autre ampleur à *la Fuite en Egypte*, sa «petite sainteté» de 1850 : précédée du *Songe d'Hérode* et suivie de *l'Arrivée à Saïs*, la miniature devient *l'Enfance du Christ*. Avec cette nouvelle œuvre, Berlioz retrouve la scène imaginaire de *la Damnation de Faust* et son découpage en scènes rapides et contrastées. Mais il

En écrivant son *Te Deum*, Berlioz ne se contente pas de composer un chant d'action de grâce. Il dramatise au contraire la succession des hymnes de gloire, des prières recueillies, des moments d'imploration et des clameurs d'effroi, et imagine une œuvre panique aux mélopées lancinantes et aux gigantesques crescendos. Le *Te Deum* requiert la participation d'un effectif considérable mais calculé dans le détail, qui permet de ménager des pages d'intimité entre les morceaux les plus éclatants. «Le *Requiem* a un frère!», s'exclamera le compositeur.

franchit aussi un pas supplémentaire vers l'évolution amorcée avec le *Te Deum* au lendemain de la crise des années 1846-1848 : *l'Enfance du Christ*, avec sa douceur mélodique et la simplicité de son sujet, renoue avec les premières émotions musicales et religieuses de Berlioz, mais à l'aide cette fois d'un effectif vocal et instrumental réduit. Puisque l'avenir se dérobe, il reste la nostalgie et le retour à l'innocence d'autrefois...

Créée le 10 décembre 1854, l'œuvre est un succès que Berlioz estime presque outrageant pour ses autres pièces «qui n'eurent pas dans l'origine tant de bonheur à Paris et qui peut-être avaient plus de valeur». Mais ce succès est un signe, comme l'est la création magnifique du *Te Deum*, le 30 avril 1855, après six ans d'attente, à l'occasion de l'Exposition universelle.

Honneur vain, l'élection de Berlioz à l'Institut, le 21 juin 1856, présente le seul bénéfice d'un revenu enfin régulier.

## L'année 1855 marque l'exacerbation d'un conflit déjà ancien, né de la rivalité entre Berlioz et Wagner

Berlioz, la cinquantaine passée, ressemble au portrait qu'a laissé de lui Théophile Gautier : «C'est un aigle irrité auquel on a refusé son essor.» Wagner, admiré de Liszt, vient d'entreprendre un cycle de quatre opéras inspiré de légendes scandinaves, qui deviendra *l'Anneau du Nibelung*. Et c'est précisément cet exemple de ténacité qu'opposent Liszt et la princesse de Sayn-Wittgenstein à l'orgueil attristé de Berlioz : pourquoi lui aussi, marqué depuis l'enfance par Virgile et l'appel de l'Italie, n'écrirait-il pas une vaste épopée lyrique, qui serait le pendant solaire au cycle wagnérien ? En réalité, depuis plusieurs années il est «tourmenté par l'idée d'un vaste opéra». Mais le peu de chances qu'il croit avoir de se faire jouer à l'Opéra de Paris le fait hésiter.

L'idée n'est pas encore assez mûre, elle fait toutefois son chemin. En attendant, Berlioz met au point la version définitive de son *Episode de la vie d'un artiste* (la *Symphonie fantastique* suivie du *Retour à la vie*, rebaptisé *Lélio*), puis repart pour Londres au début de l'été. Il y revoit Wagner, qui dirige l'Old Philharmonic, cependant que lui-même se charge de la New Philharmonic... Leur esthétique les oppose, quelques articles perfides de part et d'autre ont accru leur méfiance réciproque... Pourtant, un soir, ils dînent ensemble, se confient, se retrouvent sur le combat à mener pour l'art contre «le bazar». Berlioz reconnaît : «Si nous avons des aspérités tous les deux, au moins nos aspérités s'emboîtent.» Mais les jalousies reprennent, l'amitié est mort-née, Berlioz rentre à Paris.

Après le scandale de la représentation du *Tannhäuser* de Wagner à l'Opéra de Paris, le 13 mars 1861, Berlioz écrira : «Pour moi, je suis cruellement vengé.»

C'en sera fait, et définitivement, du fameux engrenage Berlioz-Wagner tant souhaité par Liszt, leur ami commun.

## Il publie alors un opuscule intitulé «le Chef d'orchestre, théorie de son art»

Pourtant il ne se résout toujours pas à entreprendre son opéra inspiré de Virgile. Jusqu'au jour où la princesse, Caroline de Sayn-Wittgenstein, pose un ultimatum au musicien : «Ecoutez, si vous reculez devant les peines que cette œuvre peut et doit vous

causer, si vous avez la faiblesse d'en avoir peur et de ne pas tout braver pour Didon et Cassandre, ne vous représentez jamais chez moi, je ne veux plus vous voir.»

Piqué au vif, le compositeur se décide enfin. Son nouvel opéra, il le baptisera *les Troyens.*

Commencés en 1856, «les Troyens» seront achevés deux ans plus tard. Conçus à la fois comme une somme et un testament d'artiste, ils donnent à Berlioz l'occasion non plus de lancer un superbe défi à la face du monde, mais d'éprouver le seul bien qui lui reste, la nostalgie. Malgré la solitude et l'adversité, il sent bien qu'il lui faut entreprendre ce grand retour sur lui-même.

## CHAPITRE VI
# LA BOUTEILLE À LA MER

Jamais les deux premiers actes des *Troyens* ne seront joués du vivant de Berlioz, ce qui mettra le compositeur à la torture : «Ô ma noble Cassandre, mon héroïque vierge, il faut donc me résigner, je ne t'entendrai jamais!», avouent ses Mémoires.

Inspiré de *l'Enéide* de Virgile et fondé sur le mythe de l'éternel retour, le livret des *Troyens* se colore d'emprunts à Shakespeare, second pôle de l'univers poétique de Berlioz. Attirance fatale vers la mer, importance symbolique du feu, passions héroïques et douloureuses, sentiment du naufrage, pessimisme fondamental que la beauté seule peut tromper un instant, toutes les hantises de Berlioz sont contenues dans cette œuvre.

**«Les Troyens» sont conçus hors du temps, même si l'hommage à Gluck, voire à Rameau, est manifeste**

Le lyrisme brûlant, l'invention orchestrale et la fécondité mélodique de Berlioz sont ici magnifiés par son propre désespoir, le compositeur s'incarnant à la fois dans Cassandre qui seule dans la cité clame une vérité que personne ne veut entendre, dans Enée, le héros fondateur d'un monde nouveau, et dans le spectre d'Hector, garant des valeurs de courage et de constance. Et ce n'est pas un hasard si Berlioz confie les deux grands rôles de Cassandre et de Didon à des voix amples et profondes de soprano dramatique ou, mieux, de mezzo-soprano, type de voix majestueux et passionné qu'il a toujours affectionné. L'ouvrage écrit, il s'agit de le faire représenter. On promet, on oublie, on tergiverse.

PAULINE VIARDOT
Rôle d'Orphée

**Berlioz, considéré avec méfiance sinon hostilité, essaie d'attirer l'attention de Napoléon III**

Il trompe son attente en publiant en 1859 *les Grotesques de la musique,* dédiés «à [ses] bons amis les artistes des chœurs de l'Opéra de Paris, ville barbare». Et Berlioz d'avouer : «Paris est pour moi un cimetière, ses pavés, des pierres tumulaires.»

Pour ne pas rompre avec le milieu musical parisien tout en renouant avec ses premières amours musicales, le compositeur accepte la tâche que lui propose Léon Carvalho, directeur du Théâtre-Lyrique : restaurer la partition de l'*Orphée* de Gluck, qui existe alors en deux versions, une italienne et une française, pour Pauline Viardot, chargée de chanter le rôle titre. La reprise d'*Orphée* connaît un grand succès.

Léon Carvalho (en haut) multiplie les initiatives pour faire du Théâtre-Lyrique un haut lieu de la vie parisienne; il engage Pauline Viardot, dont le salon (à droite) est réputé dans le milieu musical.

**Mais pour un seul chef-d'œuvre de Gluck, combien d'œuvrettes sont encore représentées à Paris !**

A défaut de *Troyens*, il faut attendre Wagner pour que l'Opéra retrouve son agitation des grands soirs.

Berlioz souffre de plus en plus des intestins. Et Marie, toujours à se plaindre, reconstitue peu à peu l'enfer familial qu'il connaissait aux pires moments de la jalousie d'Harriett. En 1860, elle va s'en donner à cœur joie : Wagner reparaît. Le voici à Paris, pour trois concerts. Berlioz écrit un article embarrassé. Certes, comme Marie le lui rappelle sans cesse, Wagner est son rival ; mais c'est aussi, comme lui, un novateur intègre et conquérant. Wagner fait plus : il envoie à Berlioz le premier exemplaire de la partition de *Tristan* à peine achevée, avec cette dédicace : « Au cher et grand auteur de *Roméo et Juliette*, l'auteur reconnaissant de *Tristan et Yseult*. »

Berlioz entretient un rapport original avec les voix. Du ténor (Cellini, Faust, Enée), il exige les qualités apparemment contradictoires de vaillance et de légèreté. A Didon et à Cassandre (mais déjà à Marguerite), malgré quelques intervalles vertigineux, il demande une ligne enveloppante, la profondeur de ce type de voix permettant au ténor de s'aventurer seul sur les notes les plus aiguës.

L'Opéra de Paris, en 1861, choisira de monter *Tannhäuser* et non pas *les Troyens.* Mais sous le Second Empire c'est encore et toujours Meyerbeer qui triomphe. Quant à Offenbach, le «roi du Second Empire», il est le protégé du demi-frère de Napoléon III.

**Liszt, alors à Paris, dîne chez Berlioz. Il est navré par la tristesse de son ami**

«L'accent de sa voix s'est affaissé [...], tout son être semble s'incliner vers la tombe», confie Liszt.

Berlioz connaît peut-être là ses heures les plus noires. Sa seconde épouse l'ennuie, son fils est toujours loin, sa sœur Adèle, la seule femme qui ne l'ait jamais déçu, vient de mourir à son tour, ses *Troyens* sont sans avenir, lui-même semble définitivement vaincu par la fatigue et par une vieillesse prématurée.

Heureusement, presque chaque été depuis 1853, il se rend à Baden-Baden. Cette station est fort courue et Berlioz, invité de marque, y dirige plusieurs concerts pour de très confortables cachets. Après tout, sur la route de Bade, il y a Plombières, tout aussi à la mode, où Berlioz vient soigner sa névrose intestinale et espère toujours rencontrer Napoléon III.

L'Opéra de Paris, sous le Second Empire, n'a d'yeux et d'oreilles que pour Meyerbeer. Son *Pardon de Ploërmel* fait un triomphe le 4 avril 1859. Quant à ses *Huguenots,* ils connaissent leur trois cent soixante-sixième représentation le 16 janvier 1861. *Les* Troye*ns* attendent toujours.

Berlioz.

## A Bade, Bénazet, le roi du casino, fait en 1860 une offre alléchante à Berlioz

Pourquoi ne pas écrire pour un prochain été une œuvre brève et légère, un opéra-comique ? L'idée séduit Berlioz. Un tel ouvrage, assuré d'être représenté, lui ferait oublier un instant le naufrage des *Troyens.* Il se rappelle qu'en 1833 il songeait à composer «un opéra italien fort gai, sur la comédie de Shakespeare *Beaucoup de bruit pour rien*». Rentré à Paris, il écrit le livret, très simplifié en regard de la pièce, puis commence la musique. Le résultat : *Béatrice et Bénédict,* créé avec un grand succès au nouveau théâtre de Bade, le 9 août 1862, sous la direction du compositeur. Cet opéra-comique imprévu, ambigu mais sans amertume, est, selon le mot de Berlioz lui-même, «un caprice écrit avec la pointe d'une épingle». C'est aussi une partition étrange, qui comprend l'un des plus beaux duos nocturnes qui soient, et règle les comptes de Berlioz avec l'amour.

1862 voit également la parution d'un troisième volume, *A travers chants,* «études musicales, adorations, boutades, critiques». Mais c'est aussi l'année pendant laquelle meurt subitement, d'une crise cardiaque, la seconde femme de Berlioz. Nouveau coup, nouvelle épreuve. Berlioz n'est plus qu'une ombre, cheveux blancs, manteau noir sur les épaules, regard blessé, humour grinçant.

En 1863, après cinq années de promesses sans suite et «las de subir tant de dédains», Berlioz accepte de confier à Léon Carvalho le soin de monter *les Troyens* au Théâtre-Lyrique, malgré l'impossibilité manifeste où il est de mener cette entreprise à bien.

## L'œuvre crée l'affolement. Jugée trop longue, elle est coupée en deux opéras distincts

Les deux premiers actes deviennent *la Prise de Troie ;* les trois derniers, qui seront finalement seuls représentés, *les Troyens à Carthage.* Il faut rogner sur les dépenses, sur les décors, sur les costumes,

Les seuls *Troyens à Carthage* ont suffi pour épuiser le Théâtre-Lyrique, qui ne peut guère leur offrir plus qu'un succès convenable et poli, suffisant toutefois pour que Berlioz abandonne son esclavage de critique : «C'est aux *Troyens* au moins que le malheureux feuilletonniste a dû sa délivrance.»

sur les instruments, sur tout. La première a lieu le 4 novembre 1863, mais au cours des vingt soirées suivantes les coupures et mutilations se multiplient. Berlioz ne connaîtra que cette version hideusement déformée de son grand ouvrage; jamais plus *les Troyens* ne seront représentés de son vivant.

## Berlioz sent que sa carrière s'achève. Il vient d'avoir soixante ans. Il n'écrira plus de musique

Or, parmi ses souvenirs, il en est un plus secret, plus chéri que les autres : Estelle, son premier amour. A la faveur d'un voyage en Dauphiné, il lui rend visite. Il reconnaît «sa démarche et son port de déesse». Toute son âme vole «vers son idole, comme si elle eût encore été éclatante de beauté». Mme Fornier, elle, est «bien touchée et bien reconnaissante des sentiments [qu'il lui a] gardés». En pleine euphorie, il rêve d'épouser Estelle. Elle calme ses ardeurs, fait appel à son bon sens...

Que reste-t-il à Berlioz désormais? Le souvenir étreignant d'Harriet, le souvenir de tous ceux qui sont morts : Delacroix et Vigny en 1863, Meyerbeer en 1864, bientôt Ingres en 1867, Rossini et Humbert Ferrand en 1868... Le souvenir de Gluck, dont on reprend *Armide* et *Alceste* en 1866. Le souvenir des livres qu'il relit sans cesse, «Shakespeare, Virgile, Homère, *Paul et Virginie*, des relations de voyages».

Il souffre désormais sans cesse et son corps tout entier est brisé. Seul le laudanum peut l'aider à s'endormir. Pourtant, il consent encore à voyager. En 1866, le voici en Autriche.

## Il est «malade à mort» mais connaît un «succès à perdre la tête»

Le coup de grâce arrive en juin 1867 : son fils Louis, victime de la fièvre jaune, vient de mourir à La Havane. Alors, il réunit tout ce qu'il possède de lettres, programmes, articles, et brûle l'ensemble dans la cheminée de la bibliothèque du Conservatoire.

Il repart pourtant. Après Vienne l'année précédente, le voici sur la route de la Russie, invité par la grande-duchesse Hélène. A Saint-Pétersbourg, à Moscou, c'est de nouveau le triomphe, vingt ans après son

Près d'un demi-siècle après leur première rencontre, Berlioz retrouve Estelle Fornier. Elle est veuve; lui est toujours désireux d'obtenir son affection.

« Qu'y a-t-il de plus sot que la mort? Rien assurément, excepté la vie. A quoi sert la vie? Ah! direz-vous, n'allez pas nous ennuyer avec vos accès de philosophie sépulcrale, nous recommencer vos citations de Shakespeare... La vie sert à faire des opéras-comiques. »

Hector Berlioz

premier voyage. Dès son retour en France, sa santé réclame du soleil : Nice, Monte Carlo. Fragile, ébloui, il tombe sur les rochers, non loin de la mer : congestion cérébrale. Il sombre peu à peu dans une léthargie fatale. Le 8 mars 1869, à midi et demi, tout est fini.

Ses obsèques, trois jours plus tard, sont décentes, mais sans faste : Garde nationale, délégation de l'Institut, cérémonie à l'église de la Trinité. La légende veut que les chevaux du corbillard, tout à coup effrayés, se soient emballés à l'entrée du cimetière Montmartre, laissant Berlioz se précipiter seul, fatal et damné, vers son enfer souterrain.

Ses *Mémoires* seront édités en 1870.

Après deux actes sombres, d'une tension dramatique extrême, les trois derniers actes des *Troyens* sont bercés par la mer, la nuit et le soleil africains. Ils s'achèvent dans l'éblouissement de la cité à bâtir, Rome, tel le rêve éternel et solaire de Berlioz.

1873 · JVBILÉ DE L'ASSOCIATION ARTISTIQVE · 1898
( CONCERTS COLONNE )
SYMPHONIE FANTASTIQVE
· 1830 ·
HAROLD EN ITALIE
· 1834 ·
BENVENVTO CELLINI
1838
ROMEO & JVLIETTE
· 1839 ·
REQVIEM · TE DEVM
LA DAMNATION DE FAVST
· 1846 ·
L'ENFANCE DV CHRIST
· 1854 ·
BÉATRICE & BÉNEDICT
· 1862 ·
LES TROYENS
· 1863 ·
OUVERTVRES · MÉLODIES
Hector Berlioz
· 1803 · 1869 ·
OFFERT A L'OCCASION DE LA CENTIÈME AVDITION
DE LA DAMNATION DE FAVST
PAR LE JOURNAL
L'Eclair

# TÉMOIGNAGES ET DOCUMENTS

Compositeur inspiré, chef d'orchestre
épris de rigueur, journaliste intransigeant,
voyageur enthousiaste, Berlioz est le créateur
d'un monde sonore étrange et nouveau. Les textes
qu'il a laissés et ceux qu'il a suscités en font
un modèle de l'artiste romantique.

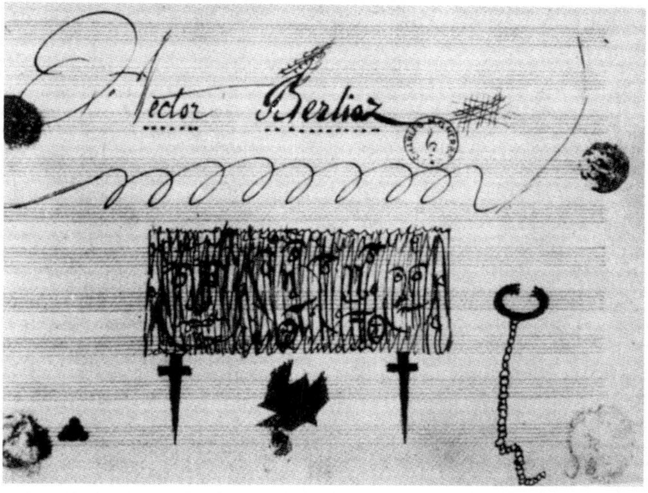

# Berlioz, l'opéra et le soleil

*Né au pied des Alpes, avec l'Italie comme impossible paradis, Berlioz éprouva dès son enfance un grand désir de Méditerranée. Sa musique, même si elle s'autorise des voyages dans les brumes du Nord, est tout entière une quête de soleil et de Midi. Les trois opéras que Berlioz nous a laissés sont auréolés de cette lumière :* Benvenuto Cellini *se passe à Rome,* les Troyens *annoncent la fondation de l'Italie, l'action de* Béatrice et Bénédict *est située en Sicile.*

Rosine Stoltz, créatrice du rôle d'Ascanio dans *Benvenuto Cellini.*

## « Benvenuto Cellini », la première comédie italienne

*Après* Estelle et Némorin *(1823), aujourd'hui perdu, et* les Francs-Juges *(1826-1828), dont il ne nous reste que des fragments,* Benvenuto Cellini *est le premier opéra de Berlioz qui ait été joué, le seul, également, qui ait été représenté sur la scène de l'Opéra de Paris. Conçu comme un hymne à la gloire de l'artiste, en l'occurrence le sculpteur florentin Benvenuto Cellini, c'est un opéra* semi seria *qui mêle les péripéties typiques de la comédie italienne avec de grandes scènes de foule (le Carnaval romain, au deuxième tableau) et des moments d'exaltation irrésistible (la fonte de la statue de Persée, au dernier tableau).*

Dans une certaine mesure, *Benvenuto Cellini* est la plus originale de toutes les œuvres de Berlioz. La variété et la complexité rythmiques ainsi que l'audace de l'orchestration sont exceptionnelles, même pour lui. Une œuvre aussi vaste, englobant en même temps la beauté délicate du duo Teresa-Ascanio, et la grandeur et la violence de la scène du Carnaval (dans laquelle, pour reprendre les termes de Liszt, « pour la première fois la populace fait entendre sa grande voix furieuse en musique »), ne peut certainement pas être accusée d'avoir recours aux demi-mesures. Ce qui ne veut pas dire qu'elle comporte des styles divergents : un même langage donne son unité à la musique. Mais Berlioz avait trouvé un sujet qui parlait à son imagination et il était décidé à tirer parti de toutes ses possibilités expressives. Il aborda ce travail avec un mélange de témérité et de génie passionné, digne du héros de l'opéra, et ce fut la raison de son échec. Un compositeur plus prudent et plus expérimenté aurait modéré son exubérance et défié la norme d'une façon plus discrète. Les exigences techniques auxquelles devaient satisfaire les chanteurs, les chœurs et surtout l'orchestre étaient trop importantes – sans compter toute la mauvaise volonté et le manque de coopération (très courants en 1838). Un siècle et demi plus tard, cette page reste réservée aux virtuoses. C'est cette difficulté de l'exécution plus que toute autre chose, plus que toute faiblesse dramatique, qui a porté préjudice à l'ouvrage. Même à présent, avec les techniques modernes, de nombreux problèmes se posent. Mais une fois surmontés ces problèmes, il nous reste un sentiment d'admiration devant la beauté, l'humour, l'éclat et la prodigalité de son imagination.

David Cairns, texte de présentation pour l'enregistrement Philips, 1972

## Cellini-Berlioz, l'hommage de Liszt

Puis de nos jours vient un autre Cellini. […] S'adressant au sens de l'ouïe comme Cellini s'est adressé au sens de la vue, il revêt l'idée d'une nouvelle splendeur, et fait du *Persée* une création aussi grande, aussi complète, aussi achevée que les deux premières.

Honneur à toi, Berlioz, car toi aussi tu luttes avec un invincible courage, et si tu n'as pas encore dompté la Gorgone, si les serpents sifflent encore à tes pieds en te menaçant de leurs dards hideux ; si l'envie, la sottise, la malignité, la perfidie semblent se multiplier autour de toi, ne crains rien, les Dieux te sont en aide ; ils t'ont donné comme à Persée le casque, les ailes, l'égide et le glaive ; c'est-à-dire, l'émigre [*sic*], la promptitude, la sagesse et la force.

Combat, douleur et gloire : destin du génie. Ce fut le tien, Cellini ; c'est aussi le tien, Berlioz.

Mystérieuse conception ! enfantement du génie par le génie ! chaîne divine qui unit les hommes d'idée à travers les âges ! rapports inexplicables ! communion des intelligences ! souffle de Dieu qui passe dans l'humanité ! Mon esprit s'abîmait dans le sentiment de ces choses.

Franz Liszt,
*Lettres d'un bachelier ès musique*, 1838

## « Les Troyens » sur les terrasses

La Méditerranée… Les chaudes nuits d'été sur les terrasses qui bordent la *mare nostrum*… Une seule musique rend compte de la complexité mystérieuse et sensuelle des sentiments qui nous submergent dans la nuit méditerranéenne : celle de Berlioz dans *les Troyens*.

L'ouvrage est immense et ne prend toute sa valeur que dans l'équilibre d'une scrupuleuse intégralité […]. Ému, conscient de n'en rien dire, je préfère indiquer à l'auditeur une grande plage (aux deux sens du mot) de bonheur musical : acte IV, second tableau, « les jardins de Didon sur le bord de la mer ».

Le septuor, le duo entre Didon et Énée qui s'y enchaîne, comptent parmi les plus beaux nocturnes de l'histoire de la musique. Pendant le septuor, tous les musiciens, tous les chanteurs dispersent le plus envoûtant « bruissement de silence » de l'œuvre berliozienne. Aussi grandiose (par l'espace sonore ainsi créé) que discret (en décibels), c'est le premier « *Naturlaut* » (bruit de nature) composé avant le maître en la matière : Gustav Mahler. Claude Debussy – malgré ses dénégations dans des textes pleins de mauvaise foi – poursuivra le travail de Berlioz et l'enrichira harmoniquement, notamment dans ses trois *Nocturnes* pour orchestre et chœurs. Sirènes…

De là à proposer une théorie musicale de la chaleur persistante du sable fin et du bain de minuit en Corse, il n'y a qu'un pas que je m'abstiendrai de franchir. Le détail peut-il donner une idée du tout ? *Les Troyens* mériteraient des analyses aussi sérieuses et minutieuses que la *Tétralogie* wagnérienne. Hélas, quand Nietzsche se mit en tête d'opposer la musique d'esprit méditerranéen au Rhin wagnérien, il ignorait encore *les Troyens* et ne parla que de *Carmen*… qui garde les pieds au sec dans l'arène. Berlioz y a perdu un « succès de snobisme » dont il est encore victime auprès des intellectuels.

Christophe Deshoulières,
*Les Incontournables de l'opéra*,
Filipacchi, 1993

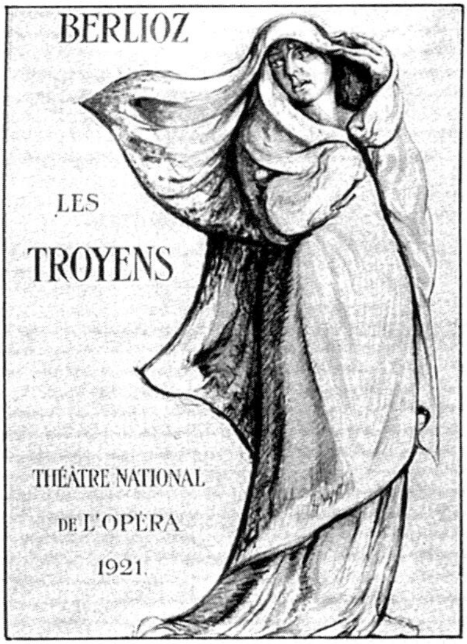


## Le foisonnement des « Troyens »

Pour la partition des *Troyens*, Berlioz n'a pas eu besoin de jeter, une fois les cinq actes composés, « un froid coup d'œil d'inquisiteur » et de corriger ou de refaire avec patience ce qui, tout à coup, paraissait médiocre. Virgile l'a sorti de l'enfer des passions aveuglantes et l'a ramené aux soleils de sa jeunesse : Gluck, Weber, Spontini, voilà son classicisme retrouvé. Il fait une nouvelle lecture de ses opéras préférés : *Iphigénie en Tauride*, *Euryanthe* et *la Vestale*. Ces relectures vont comporter quelques « idées forces », simples mais efficaces, qui de loin orienteront son travail. Lui qui n'accueillait déjà guère autrefois les conseils, sauf ceux de Liszt, à présent qu'il a choisi ses « phares », sa partition va prendre une orientation décisive à laquelle il ne va plus rien changer. Il va transfigurer les moyens musicaux, ne les considérant que pour leur fonction. Ainsi, une souplesse nouvelle vient s'ajouter dans les récits des personnages secondaires, comme par exemple au quatrième acte, Narbal annonçant l'invasion nubienne. Les chœurs seront traités chaque fois différemment : ainsi, le chœur d'accents pathétiques, devant l'autel de Cybèle à la fin de l'acte II, présente au spectateur non pas une foule anonyme mais les quelques dernières femmes rescapées qui sont parvenues à échapper aux Grecs. Là, une tout autre musique, un chœur populaire de cultivateurs et d'ouvriers carthaginois, bien portants, humbles et satisfaits devant leur Reine, chantent unanimes au début de l'acte III, comme s'ils avaient étudié la musique avec Gluck. Enfin, nous est donné un chœur dépouillé, noir et mystérieux des prêtres de Pluton invoquant les dieux du Ténare, au début du troisième tableau du dernier acte.

Berlioz, par les accents, l'allure et les registres, parvient à situer l'éclairage des scènes, allant des moments les plus atroces – Troie en flammes et le sacrifice des dernières Troyennes – à ceux, des plus tendres, dans la sérénité d'une nuit «d'ivresse et d'extase» où Didon est seule avec Énée dans son beau jardin ouvrant sur la mer. Vient ensuite la scène désolée de Didon sur son bûcher, et la conclusion paradisiaque vers la cité future de l'humanité harmonieuse unanimement réconciliée et symbolisée par Rome, la terre promise.

Si Berlioz s'était laissé tenter, avec finesse, intelligence et légèreté, par les méandres du *bel canto* italien dans *Benvenuto Cellini*, et avec humour et charge dans son dernier opéra sicilien, *Béatrice et Bénédict*, il n'y en a aucune trace dans *les Troyens*, comme dans *l'Enfance du Christ*. La vision sonore ne sera pas non plus traitée sous l'angle des couleurs, offertes par le chromatisme hypertendu de certains numéros de la symphonie dramatique *Roméo et Juliette* qui intéresseront prodigieusement Wagner; car Berlioz sera pour lui, certes l'auteur de la *Symphonie funèbre et triomphale*, mais surtout celui de *Roméo*. Il n'aura aucune curiosité pour les Troyens, les Carthaginois ou les futurs Romains, comme Berlioz n'en eut aucune pour Wotan, les Walkyries et les filles du Rhin. Seul Liszt qui donne tout, devine tout, fera encore tout pour amorcer, par des concerts d'extraits, l'intérêt des mélomanes pour ces *Troyens* impossibles à monter à l'Opéra.

La richesse de cette partition apparaît aujourd'hui bien clairement sous l'angle d'une nouvelle exploitation des modes. Berlioz quitte le chromatisme aplatissant pour explorer le pouvoir modal, et la musique des *Troyens* vient donner à la palette des sons un éclat fertile qui a choqué autrefois. [...] Il n'y a là aucun archaïsme mais une invention. Berlioz enseigne par là à nuancer la tonalité, non plus par le biais du chromatisme mais par celui des modes conçus comme une échelle harmonique, saisie dans la densité des douze demi-tons et non dans le diatonisme. Berlioz avait toujours été sensible aux huit modes du plain-chant, et il avait pu les aborder de plus près par des conversations avec son ami Joseph d'Ortigue. Il en subit le charme et, selon sa méthode «rougissant» de leur souplesse, «devient sérieux, s'arrête, pense, combine» pour, tour à tour, noyer le ton ou l'exhausser. C'est toute la différence d'entreprise entre Berlioz et Wagner. Wagner sait profiter avec génie, tandis que Berlioz ne fait à chaque fois qu'avancer à grands pas dans des visions générales de rapports nouveaux et d'invention et de risques. Si le chromatisme sera continué, très bien, par les successeurs de Wagner, la polymodalité des *Troyens* (et de *l'Enfance du Christ*) ira frapper et réveiller la petite troupe des cinq Russes, et surtout Moussorgsky, pour – par effet de miroir – illuminer ensuite Debussy. Il n'y a ni bien, ni mieux, dans ces deux entreprises. Elles viendront, au cours du XX$^{e}$ siècle, se fondre, comme Berg saura les mêler dans *Lulu;* mais Debussy l'avait deviné, passant sur les divergences de style, en estimant Berlioz moins tonal que Wagner, et par ce «moins tonal», tout est permis désormais à celui qui sait jouer des sons avec subtilité.

Claude Ballif,
programme de l'Opéra de Paris, 1990

## «Béatrice et Bénédict», l'autre comédie italienne

L'ouvrage, s'il reste cette fois de proportions modestes, est de ceux que les meilleurs théâtres hésitent à monter,

C'est sous la direction de Berlioz que fut créé *Béatrice et Bénédict* en 1862 à l'occasion de l'inauguration du nouveau théâtre de Bade.

tant il pose de problèmes de réalisation scénique et même d'interprétation musicale. Comme toujours chez Berlioz, les conventions du genre sont allégrement transgressées, le tragique et le comique se mêlent sans complexe, l'action théâtrale subit le poids de tous les artifices et, de plus, l'abondance des dialogues parlés isole dangereusement chaque numéro de musique. Enfin, il y faut un orchestre de virtuoses, capable d'une très fine transparence, et des chanteurs de premier plan, qui soient aussi de vrais comédiens.

C'est la dernière partition de Berlioz, son testament de sourire et de tendresse, l'expression ultime de sa jeunesse de cœur et son point d'accomplissement musical. Il en a tiré lui-même le livret de la pièce de Shakespeare, *Beaucoup de bruit pour rien*, qui raconte l'éveil amoureux de deux êtres qui croient se haïr. Tout Berlioz est là, avec son incorruptible fraîcheur, la sensibilité frémissante de son âme blessée, sa nostalgie, sa générosité. On dirait Verdi dans le grand âge, renouant avec *Falstaff* les fils de la jeunesse perdue.

Maurice Fleuret,
*Le Nouvel Observateur*, 3 octobre 1981

## Un épilogue sur une île de la Méditerranée

Le lieu de *Béatrice et Bénédict* a l'éclat de la Méditerranée, la lumière aveuglante de Sicile, la chaleur du jour et de la nuit, c'est aussi le jardin anglais de Shakespeare.

**Premier acte : le jardin enchanté**

C'est le lieu des « herbes fleuries », de « l'insecte des prairies bruissant », des « murmures du bois », de « l'ombre de ce grand arbre en spectre se mouvant sous le vent », des « roses que balance le souffle du zéphyr », de la « lune douce reine qui plane en souriant ».

C'est le lieu magique du tapis vert où l'on glisse les pieds nus, où l'on se roule, s'étend. Il embaume les cyprès, les buis qui transpirent dans la chaleur, il exhale le parfum lourd du chèvrefeuille, des tubéreuses et des roses.

C'est le jardin labyrinthe, paradis perdu de l'enfance. Héro en se mariant dit adieu au jardin merveilleux – innocence, blancheur, virginité, jeux –, fin nostalgique du premier acte.

Le jardin est un théâtre, on y joue une comédie, chacun y tient un rôle : théâtre de tréteaux de Somarone. Béatrice et Bénédict s'accrochent en public. Leur antipathie, leurs joutes ont besoin des autres pour s'épanouir. Il leur faut une assistance ravie de leurs assauts répétés et nourris.

Anne Charton-Demeur, créatrice du rôle de Béatrice.

**Second acte : la bascule de Béatrice**

Bénédict l'aime : choquée, sonnée, elle est ivre, chancelante. Tout bascule, tangue. Le jardin se dérobe comme le sol. Le vertige s'empare des arbres, tout tourne, la vision se brouille. La belle perspective de l'allée s'est brisée. Les repères s'écroulent. La raison perd ses marques.

L'ordonnance classique rompue se recompose soudain en ordre nouveau. Les arbres ont retrouvé leur place. La femme, elle, s'est trouvée. Tout redevient clair.

Elle aime.

Héro, nocturne, sage, annonce peut-être l'ennui du mariage, le destin glacé. Béatrice, fille du soleil, mettra le feu aux poudres et attisera toujours l'incendie.

Pierre Constant,
notes de mise en scène,
Opéra de Nancy et de Lorraine, 2000

**Soleil, cher soleil**

*Berlioz est allé bien loin pour trouver de quoi survivre. Mais les neiges et le froid de la Russie le blessent. Jusqu'à la fin, il ne rêve que de soleil et de Méditerranée.*

Le froid et la neige, en outre, me démoralisent ; j'ai besoin de soleil. Je sais bien que ce n'est pas Paris qui m'en donnera, mais j'irai à Nice, à Monaco, respirer les violettes, dire bonjour à la mer, me faire un peu chauffer par l'astre inconnu des Russes.

Lettre du 7 février 1868
à Jules-Antoine Demeur

*Cette quête pourrait se conclure par cette phrase du* Traité d'instrumentation *:*

Il faut beaucoup de temps pour découvrir les méditerranées musicales, et plus encore pour apprendre à y naviguer.

*Les Troyens* : en haut, la fin du deuxième acte. En haut, dans la production de Tim Albery, Antony McDonald et Tom Cairns à Nice en 1989 ; en bas, dans la production de Ruth Berghaus, Hans Dieter Schaal et Max von Vequel à Francfort en 1983. Ci-contre, Kathryn Harries (Didon) au cinquième acte dans la production de Tim Albery, Antony McDonald et Tom Cairns au Scottish Opera en 1990.

# Berlioz, la nuit et la mort

*Tel Orphée, Berlioz effectue sa descente aux enfers avant de chanter de nouveau le soleil dans les œuvres qui sont l'aboutissement de sa vie. Une attirance poétique vers la mort, la célébration du mythe de Faust et la figure omniprésente d'Hamlet vont l'aider dans cette exploration des régions les plus noires.*

## « Le Dernier Jour du monde »

*« Les possibilités dramatiques du texte du* Requiem, *coloré de bout en bout par la vision du Jugement dernier, [ont] toujours fasciné Berlioz », écrit David Cairns. Dès la création en l'église Saint-Roch, le 10 juillet 1825, de sa* Messe solennelle, *écrite l'année précédente, le compositeur exalte son penchant pour les apocalypses musicales. L'idée continue de faire son chemin cependant, et c'est à Rome, le 3 juillet 1831, que Berlioz confie à Humbert Ferrand (auquel il demande de composer un livret en conséquence) le « grand projet » qui germe dans son esprit.*

Il s'agissait d'un oratorio colossal pour être exécuté à une fête musicale donnée à Paris, à l'Opéra ou au Panthéon, dans la cour du Louvre. Il serait intitulé *le Dernier Jour du monde*. J'en avais écrit le plan à Florence et une partie des paroles il y a trois mois. Il faudrait trois ou quatre acteurs solo, des chœurs, un orchestre de soixante musiciens devant le théâtre, et un autre de trois cents ou deux cents instruments au fond de la scène, étagés en amphithéâtre.

Les hommes, parvenus au dernier degré de corruption, se livreraient à toutes les infamies ; une espèce d'Antéchrist les gouvernerait despotiquement… Un petit nombre de justes, dirigés par un prophète, trancherait au beau milieu de cette dépravation générale. Le despote les tourmenterait, enlèverait leurs vierges, insulterait à leurs croyances, ferait déchirer leurs livres saints au milieu d'une orgie. Le prophète viendrait lui reprocher ses crimes, annoncerait la fin du monde et le dernier jugement. Le despote irrité le ferait jeter en prison, et, se livrant de nouveau aux voluptés impies, serait surpris au milieu d'une fête par les trompettes terribles de la résurrection, les morts sortant du tombeau, les vivants éperdus poussant des cris d'épouvante, les mondes fracassés, les anges tonnant dans les nuées, formeraient le finale de ce drame musical. Il faut, comme vous le pensez bien, employer des moyens entièrement nouveaux. Outre les deux orchestres, il y aurait quatre groupes d'instruments de cuivre placés aux quatre points cardinaux du lieu de l'exécution. Les combinaisons seraient toutes nouvelles et mille propositions impraticables avec les moyens ordinaires surgiraient étincelantes de cette masse d'harmonie.

*Le projet d'oratorio n'aboutit pas. Six mois plus tard, Berlioz rêve cette fois d'un opéra en trois actes qui reprendrait le thème du Jugement dernier mais l'enrichirait d'une mise en abyme inspirée aussi bien de Shakespeare (*Hamlet*) que de nombreux contes de E. T. A. Hoffmann, et qu'on retrouvera d'ailleurs dans l'opéra* Benvenuto Cellini *: le théâtre dans le théâtre. Il décrit ses visions le 8 janvier 1832 à Ferrand.*

Un tyran tout-puissant sur la terre ; la civilisation et la corruption au dernier degré ; une cour impie ; un atome de peuple religieux, auquel le mépris du souverain conserve l'existence et laisse la liberté. Guerre et victoire, combats d'esclaves dans un cirque ; femmes esclaves qui résistent aux désirs du vainqueur ; atrocités.

Le chef du petit peuple religieux, espèce de Daniel gourmandant Balthazar, reproche ses crimes au despote, annonce que les prophéties vont s'accomplir et que la fin est proche. Le tyran, à peine courroucé par la hardiesse du prophète, le fait assister de force, dans son palais, à une orgie épouvantable, à la suite de laquelle il s'écrie ironiquement qu'on va voir la fin du monde. À l'aide de ses femmes et de ses eunuques, il représente la vallée de Josaphat ; une troupe d'enfants ailés sonne de petites trompettes, de faux morts sortent du tombeau ; le tyran représente Jésus-Christ et s'apprête à juger les hommes, *quand la terre tremble* ; de véritables et terribles anges font entendre les trompettes foudroyantes ; le vrai Christ approche, et *le vrai Jugement dernier commence.* La pièce ne doit ni ne peut aller plus loin.

## La « Grande Messe des morts »

*C'est cependant la commande d'un requiem par le ministre de l'Intérieur, en mars 1837, qui va permettre à Berlioz de donner définitivement corps à son projet : « Quel* Dies irae *!!!, s'écrie-t-il. C'est une poésie d'un sublime gigantesque. » Soucieux de l'effet que produira sa partition, il précise la disposition qu'il souhaite pour ses forces musicales, reprenant en partie ses conceptions de 1831.*

Il faudrait un *amphithéâtre* ou échafaudage en gradins, *devant l'orgue,* où seraient placées deux cents personnes à peu près. Dans ce nombre seraient compris *tous les chanteurs* et quelques instrumentistes seulement ; le reste de l'orchestre devant s'étendre dans la partie antérieure de l'amphithéâtre sur un plan horizontal pourrait être placé tout simplement sur le pavé de l'église.

Lettre du 30 octobre 1837
au bibliothécaire du roi

*Les exécutants, précise-t-il, doivent être « divisés en plusieurs groupes assez distants les uns des autres […], les quatre orchestres d'instruments de cuivre […] employés dans le* Tuba mirum *[devant] occuper chacun un angle de la grande masse vocale et instrumentale. »*

## Des partitions épouvantables

*De 1825 à 1830, Berlioz s'abandonne à sa veine frénétique, pleine de nuits hallucinées, de fantômes inquiétants et de bruits de chaînes, que ce soit dans une page méconnue comme* le Ballet des ombres *ou dans les derniers mouvements de la* Symphonie fantastique*, qui doit « épouvanter le monde musical ». L'opéra* les Francs-Juges*, achevé dans sa première mouture, inachevé dans sa version définitive, et dont il nous reste aujourd'hui l'ouverture et cinq fragments chantés, est caractéristique de cette veine.*

Malgré vents et marées, voilà un ouvrage fini ; est-il joué ?… pas encore, voilà le diable. Est-il à la portée du public ?… C'est [ce] que je ne crois pas. Ah ! mon ami, quels effets il y a dedans ! Le diable m'emporte si depuis longtemps on a vu de musique plus furieuse que celle-là. Toutes les difficultés qu'on m'oppose de droite et de gauche ont accumulé dans moi des torrents de bile qui se sont répandus dans cette composition. Entre autres, le duo *du fanatisme* au premier acte est écumant de rage.

Lettre du 10 septembre 1826
à Édouard Rocher

*En 1839, Berlioz aura le projet de composer un opéra intitulé* la Nonne sanglante*, inspiré d'un épisode du* Moine *de Lewis (1795), archétype du roman gothique. Mais Eugène Scribe laissera traîner les choses et ne terminera jamais le livret ; il nous reste quelques fragments de cet opéra laissé inachevé.*

## La découverte de « Faust »

*1828 : après avoir découvert Shakespeare puis Beethoven, Berlioz fait une lecture décisive.*

Je dois encore signaler comme un des incidents remarquables de ma vie, l'impression étrange et profonde que je reçus en lisant pour la première fois le *Faust* de Goethe traduit en français par Gérard de Nerval. Le merveilleux livre me fascina de prime abord ; je ne le quittais plus ; je le lisais sans cesse, à table, au théâtre, dans les rues, partout.

Cette traduction en prose contenait quelques fragments versifiés, chansons, hymnes, etc. Je cédai à la tentation de les mettre en musique, et à peine au bout de cette tâche difficile, sans avoir entendu une note de ma partition, j'eus la sottise de la faire graver… à mes frais. Quelques exemplaires de cet ouvrage publié à Paris sous le titre de : *Huit Scènes de Faust*, se répandirent ainsi. […] [Un] encouragement inespéré et venu d'Allemagne me fit grand plaisir, on peut le penser ; il ne m'abusa pas longtemps, toutefois, sur les nombreux et énormes défauts de cette œuvre, dont les idées me paraissent encore avoir de la valeur, puisque je les ai conservées en les développant tout autrement dans ma légende *la Damnation de Faust*, mais qui, en somme, était incomplète et fort mal écrite. Dès que ma conviction fut fixée sur ce point, je me hâtai de réunir tous les exemplaires des *Huit Scènes de Faust* que je pus trouver et je les détruisis.

*Mémoires*, chap. XXVI

## Des « Huit Scènes » à « la Damnation de Faust »

*1845 : après un premier voyage en Allemagne qui lui a remis en mémoire l'univers fantastique d'Hoffmann et la musique de Weber, Berlioz est en Europe centrale. Les étapes de ce nouveau voyage sont autant d'occasions d'imaginer un nouvel ouvrage qui reprendrait sa partition de jeunesse et lui donnerait une tout autre ampleur.*

Ce fut pendant ce voyage en Autriche, en Hongrie, en Bohême et en Silésie que je commençai la composition de ma légende de Faust, dont je ruminais le plan depuis longtemps. Dès que je me fus décidé à l'entreprendre, je dus me résoudre aussi à écrire moi-même presque tout le livret ; les fragments de la traduction française du *Faust* de Goethe par Gérard de Nerval, que j'avais déjà mis en musique vingt ans auparavant, et que je comptais faire entrer, en les retouchant, dans ma nouvelle partition, et deux ou trois autres scènes écrites sur mes indications par M. Gandonnière, avant mon départ de Paris, ne formaient pas dans leur ensemble la sixième partie de l'œuvre.

J'essayai donc, tout en roulant dans ma vieille chaise de poste allemande, de faire les vers destinés à ma musique. Je débutai par l'invocation de Faust à la nature, ne cherchant ni à traduire, ni même à imiter le chef-d'œuvre, mais à m'en inspirer seulement et à en extraire la substance musicale qui y est contenue. [...] Une fois lancé, je fis les vers qui me manquaient au fur et à mesure que me venaient les idées musicales, et je composai ma partition avec une facilité que j'ai bien rarement éprouvée pour mes autres ouvrages. Je l'écrivais quand je pouvais et où je pouvais ; en voiture, en chemin de fer, sur les bateaux à vapeur, et même dans les villes, malgré les soins divers auxquels m'obligeaient les concerts que j'avais à y donner. [...] Je ne cherchais pas les idées, je les laissais venir, et elle se présentaient dans l'ordre le plus imprévu. Quand enfin l'esquisse entière de la partition fut tracée, je me mis à retravailler le tout, à en polir les diverses parties, à les unir, à les fondre ensemble avec tout l'acharnement et toute la patience dont je suis capable, et à terminer l'instrumentation qui n'était qu'indiquée çà et là. [...]

Ce n'était rien d'avoir écrit [cet ouvrage], il fallait le faire entendre ; et ce fut alors que commencèrent mes déboires et mes malheurs. La copie des parties d'orchestre et de chant me coûta une somme énorme ; ensuite les

Presque simultanément aux *Huit Scènes de Faust* de Berlioz, c'est en 1828 que Delacroix fit publier ses dix-sept lithographies inspirées du poème de Goethe.

nombreuses répétitions que je fis faire aux exécutants et le prix exorbitant de 1600 francs que je dus payer pour la location du théâtre de l'Opéra-Comique, l'unique salle qui fût alors à ma disposition, m'engagèrent dans une entreprise qui ne pouvait manquer de me ruiner. […] Déjà à cette époque [le public] ne s'intéressait plus assez, à une œuvre musicale surtout, pour aller s'enfermer en plein jour (je ne pouvais donner mes concerts le soir) dans le théâtre de l'Opéra-Comique que le monde *fashionable* d'ailleurs ne fréquente pas. C'était à la fin de novembre (1846), il tombait de la neige, il faisait un temps affreux; je n'avais pas de cantatrice à la mode pour chanter Marguerite; quant à Roger qui chantait Faust et à Hermann-Léon chargé du rôle de Méphistophélès, on les entendait tous les jours dans ce même théâtre, et ils n'étaient pas *fashionables* non plus. Il en résulta que je donnai *Faust* deux fois avec une demi-salle. Le beau public de Paris, celui qui va au concert, celui qui est censé s'occuper de musique, resta tranquillement chez lui, aussi peu soucieux de ma nouvelle partition que si j'eusse été le plus obscur élève du Conservatoire; et il n'y eut pas plus de monde à l'Opéra-Comique à ces deux exécutions, que si l'on y eût représenté le plus mesquin des opéras de son répertoire.

Rien dans ma carrière d'artiste ne m'a plus profondément blessé que cette indifférence inattendue. La découverte fut cruelle, mais utile au moins, en ce sens que j'en profitai, et que, depuis lors, il ne m'est pas arrivé d'aventurer vingt francs sur la foi de l'amour du public parisien pour ma musique.

*Mémoires*, chap. LIV

## La Course à l'abîme, souvenir du « Requiem »

Dans le galop de la Course à l'abîme passent deux visions : des femmes qui prient sur une mélodie sarcastique comme le *Dies irae* de la *Fantastique*, et des squelettes riant à leur passage. Ce chœur de femmes chantant un « Sancta Maria-Sancta Magdalena », allusion à la situation de Marguerite/Madeleine, est inspiré par l'Invocation à la Vierge de Marguerite sur les remparts, mais elle est vécue par Faust dans la Course à l'abîme de façon parodique, comme accélérée par la vitesse du galop, qui disperse le chœur.

Le symbole est assez clair : cette course étant directement inspirée de la chevauchée fantastique de la « Nuit de Walpurgis » [du *Faust* de Goethe], on ne s'étonne pas de voir Faust et Méphisto passer, sans s'arrêter, par-dessus le sabbat et par-dessus les tombeaux entr'ouverts (souvenir du *Requiem*). Mais que cette course vers Marguerite le précipite en vérité dans le Pandæmonium paraît un guet-apens peu subtil de Méphisto qui nous a accoutumés à montrer un esprit plus retors.

En fait, dans son cachot, la Marguerite de Goethe, devenue folle, voit arriver Faust la délivrer sans réagir. « C'était la voix de mon ami ! Où est-il ? Je l'ai entendu m'appeler. Je suis libre ! […] Il a appelé Marguerite, il était là, sur le seuil. Au milieu des hurlements et du tumulte de l'Enfer, à travers les grincements, les rires des démons, j'ai reconnu sa voix si douce, si chérie. » C'est bel et bien la réalisation – scrupuleuse – de cette image musicale de Goethe qui amène chez Berlioz le Pandæmonium en conclusion

Avec la Course à l'abîme, Berlioz nous entraîne dans une chevauchée irrésistible qui traverse les visions et les paysages les plus inquiétants jusqu'à la chute finale dans l'enfer du Pandæmonium.

de la chevauchée ; Berlioz n'avait dès lors plus besoin (et le pouvait-il encore ?) de faire se retrouver Marguerite et Faust. Chez Goethe, Marguerite appelle les légions divines pour la défendre de Faust dont elle reconnaît le pouvoir maléfique. Chez Berlioz, probablement morte (« Le glas des trépassés sonne déjà pour elle »), on entend le chœur des Esprits célestes, les Vierges divines qui reçoivent Marguerite pendant qu'une voix du Ciel (ou celle de Faust) l'appelle, tout comme chez Goethe une voix du fond (celle de Marguerite) appelle encore « Henri ! ». La conscience du renversement est ici clairement désignée par Berlioz. C'est là où il est le plus libre devant l'original que l'on voit le mieux les phénomènes de condensation par la musique qui expliquent les passages où il en semble le plus près.

Jean-Louis Martinoty,
programme de l'Opéra de Paris, 1988

## Marguerite, nouvelle Ophélie ?

*La Damnation de Faust*, comme le théâtre de Victor Hugo, offrira deux aspects conjoints chers à Shakespeare : le sublime par Faust et Marguerite, et le grotesque caricatural, difficile en musique, par Méphisto, Brander, les étudiants, les soldats. Ces oppositions seront mises en « mouvements » sans transition. Elles viendront occulter la partition comme les cadrages des films de Godard. Restera un troisième aspect très sérieux qui plane par moments : l'aspect métaphysique que Bernanos empoigne dans *Sous le soleil de Satan*. Il est *quasi troppo serioso* même pour un concert qui ne veut pas être garni de carton-pâte. Berlioz va l'illustrer par les corolles bavardes d'un buisson de roses empoisonnées qui vont envoûter Faust. C'est l'air caverneux d'un chant grave confié aux vents (*pianissimo*) avec une disposition harmonique qui défie tous les préjugés et les conventions des traités, et qu'on a maintes fois signalée comme maladroite par l'épaisseur excessive. Cela ne donne rien au clavier. Les cuivres seuls conviennent, à l'intérieur desquels Méphisto vient glisser des paroles melliflues (scène VII). Le transfert « qui laisse aussi après lui comme une puanteur de soufre », dirait Robert Schumann, va se produire. Un dédoublement fatal vient s'opérer sur Faust. Il ne restera plus qu'à transporter, alors, la vision subliminale de Faust sur Marguerite. Nous la verrons à la scène XI où Berlioz, par fines allusions, rappelle les motifs mêmes du « Ballet des sylphes », de sorte que toutes les manigances de Méphisto se sont faites immédiates, *ipso facto* hors notre vision temporelle.

Faust et Marguerite sont deux victimes prédestinées d'entrée de jeu. Faust n'a rien de l'habile séducteur. Il n'est qu'amour et passion. Tout le poison vient de Méphisto malgré son air civil et bon enfant dans la cave d'Auerbach à Leipzig. Il deviendra le terrible cavalier du néant, illustré par Dürer, mais déchaîné ici, ponctuant hors mesure le galop perpétuel de la Course à l'abîme par des « hop », « hop », « hop » terrifiants, pareils à la guillotine. Avec une distribution plus large viennent s'insérer, pêle-mêle en *flashes* éclair, des « plans de coupe » en perspective : litanies, processions, enfants, femmes, crucifix arrachés par des trombones basses monstrueux, apportant une deuxième musique, virtuelle cette fois. Et Faust, croyant partir pour une partie de campagne rejoindre sa bien-aimée lointaine, et n'ayant eu crainte d'une « prise de sang », tout en récitant du Chateaubriand (« Levez-vous vite, orages désirés »), tombe, comme Don Juan, avec un grand cri, dans le lac profond des Enfers. Méphisto rentre au bercail, satisfait et félicité par son gouvernement, pour certainement aller ailleurs continuer sa besogne sur d'autres Faust et d'autres Marguerite.

La Marguerite de Berlioz est une autre Ophélie au lamentable sort. Elle apparaît pour la première fois à la troisième partie, à la scène XI, une lampe à la main, douce comme sur une toile de Georges de La Tour, « éprise de rien et de tout étonnée ». Elle parle déjà comme la Mélisande de Debussy : même fatalité et même simplicité dans les mélismes chantés *mezza voce* sans aucun port de voix. Vient ensuite la récitation de la plus belle mélodie du monde qui se partage, se prolonge et meurt avec l'alto solo et semble être sortie des temps immémoriaux, mais que Berlioz tire subrepticement des *Huit Scènes de Faust*.

Claude Ballif,
*Opéra-caméra*,
programme du Châtelet, 1990

## L'énigme du monde

*Le 22 juillet 1862, quelques jours avant la création du mélancolique et léger opéra-comique* Béatrice et Bénédict, *Berlioz expose à la princesse Carolyne Sayn-*

*Wittgenstein sa conception très noire de la vie sur la terre.*

L'énigme insoluble du monde, l'existence du mal et de la douleur, la folie furieuse de la race humaine, sa stupide férocité qu'elle assouvit à toute heure et en tous lieux sur les êtres les plus inoffensifs et sur elle-même, m'ont réduit à l'état de résignation morne et désespérée du scorpion entouré de charbons ardents. Tout ce que je puis faire c'est de ne pas me percer de mon dard.

## « Hamlet » et la mort d'Ophélie

*Foudroyé par la découverte d'*Hamlet *en 1827, Berlioz parsema sa correspondance jusqu'à la fin de la célèbre formule : « Remember me », qu'adresse le fantôme du roi du Danemark à son fils. Le compositeur n'écrivit cependant jamais l'opéra qu'il avait un moment imaginé, et* Hamlet *ne lui inspira finalement qu'une « Mort d'Ophélie » et une « Marche funèbre » qui forment les deux derniers volets de l'œuvre intitulée* Tristia. *La mort d'Harriet Smithson, la première femme de Berlioz, qui jouait Ophélie et Juliette en 1827, lui inspira des pages littéraires poignantes (voir page 125).*

## Dernières histoires de cimetières

*En 1864, deux ans après la mort de sa seconde femme, Berlioz dut assister à l'exhumation de celle-ci, dont le corps fut installé dans un nouveau caveau, voisin du premier, au cimetière Montmartre. Les restes d'Harriet, enterrée en 1854 dans le petit cimetière Saint-Vincent appelé à être démoli, furent transportés dans ce même caveau.*

Je donnai les ordres nécessaires dans les deux cimetières, et un matin, par un temps sombre, je m'acheminai seul vers le funèbre lieu. Un officier municipal chargé d'assister à l'exhumation [d'Harriet] m'y attendait. Un ouvrier fossoyeur avait déjà ouvert la fosse. À mon arrivée il sauta dedans. La bière enfouie depuis dix ans était encore entière, le couvercle seul était endommagé par l'humidité. Alors l'ouvrier, au lieu de la tirer hors de terre, arracha les planches pourries qui se déchirèrent avec un bruit hideux en laissant voir le contenu du coffre. Le fossoyeur se baissa, prit entre ses mains la tête déjà détachée du tronc, la tête sans couronne et sans cheveux, hélas ! et décharnée, de la *poor Ophelia*, et la déposa dans une bière neuve préparée *ad hoc* sur le bord de la fosse. Puis, se baissant une seconde fois, il souleva à grand-peine et prit entre ses bras le tronc sans tête et les membres, formant une masse noirâtre sur laquelle le linceul restait appliqué, et ressemblant à un bloc de poix enfermé dans un sac humide… avec un son mat… et une odeur… L'officier municipal, à quelques pas de là, considérait ce lugubre tableau… Voyant que je m'appuyais sur le tronc d'un cyprès, il s'écria : « Ne restez pas là, monsieur Berlioz; venez ici, venez ici. » Et comme si le grotesque devait avoir aussi sa part dans cette horrible scène, il ajouta en se trompant d'un mot : « Ah ! pauvre *inhumanité* !… » Quelques moments après, suivant le char qui emportait les tristes restes, nous descendîmes la montagne et parvînmes dans le grand cimetière Montmartre, au caveau neuf déjà béant. Les restes d'Henriette y furent introduits. Les deux mortes y reposent tranquillement à cette heure, attendant que je vienne apporter à ce charnier ma part de pourriture.

*Mémoires*, postface

# La symphonie comme un drame

*Avec la* Symphonie fantastique, *en 1830, Berlioz réinvente le genre de la symphonie en attribuant à celle-ci un programme chargé de préparer l'auditoire au drame qu'il va entendre. Neuf ans plus tard, il franchit une nouvelle étape en expliquant dans la préface de* Roméo et Juliette *sa conception de la symphonie dramatique et le rôle qu'il entend faire jouer aux instruments de l'orchestre.*

## La « Symphonie fantastique »

Un jeune musicien d'une sensibilité maladive et d'une imagination ardente s'empoisonne avec de l'opium dans un accès de désespoir amoureux. La dose de narcotique, trop faible pour lui donner la mort, le plonge dans un lourd sommeil accompagné des plus étranges visions, pendant lequel ses sensations, ses sentiments, ses souvenirs se traduisent dans son cerveau malade en pensées et en images musicales. La femme aimée elle-même est devenue pour lui une mélodie et comme une idée fixe qu'il retrouve et qu'il entend partout.

**Première partie : rêveries, passions**
Il se rappelle d'abord ce malaise de l'âme, *ce vague des passions*, ces mélancolies, ces joies sans sujet qu'il éprouva avant d'avoir vu celle qu'il aime ; puis l'amour volcanique qu'elle lui inspira subitement, ses délirantes angoisses, ses jalouses fureurs, ses retours de tendresse, ses consolations religieuses.

**Deuxième partie : un bal**
Il retrouve l'aimée dans un bal au milieu du tumulte d'une fête brillante.

Lise Delamare (Harriet) et Jean-Louis Barrault (Hector) dans le film de Christian-Jaque *La Symphonie fantastique* (1941).

**Troisième partie : scène aux champs**

Un soir d'été à la campagne, il entend deux pâtres qui dialoguent un ranz des vaches. Ce duo pastoral, le lieu de la scène, le léger bruissement des arbres doucement agités par le vent, quelques motifs d'espoir qu'il a conçus depuis peu, tout concourt à rendre à son cœur un calme inaccoutumé, à donner à ses idées une couleur plus riante ; mais *elle* apparaît de nouveau, son cœur se serre, de douloureux pressentiments l'agitent, si elle le trompait… L'un des pâtres reprend sa naïve mélodie, l'autre ne répond plus. Le soleil se couche… bruit éloigné du tonnerre… solitude… silence…

**Quatrième partie : marche au supplice**

Il rêve qu'il a tué celle qu'il aimait, qu'il est condamné à mort, conduit au supplice. Le cortège s'avance, aux sons d'une marche tantôt sombre et farouche, tantôt brillante et solennelle, dans laquelle un bruit sourd de pas graves succède sans transition aux éclats les plus bruyants. À la fin, *l'idée fixe* reparaît un instant comme une dernière pensée d'amour interrompue par le coup fatal.

**Cinquième partie : songe d'une nuit de sabbat**

Il se voit au sabbat, au milieu d'une troupe affreuse d'ombres, de sorciers, de monstres de toute espèce réunis pour ses funérailles. Bruits étranges, gémissements, éclats de rire, cris lointains auxquels d'autres cris semblent répondre. La *mélodie-aimée* reparaît encore ; mais elle a perdu son caractère de noblesse et de timidité ; ce n'est plus qu'un air de danse ignoble, trivial et grotesque ; c'est *elle* qui vient au sabbat… Rugissements de joie à son arrivée… Elle se mêle à l'orgie diabolique… Glas funèbre, parodie burlesque du *Dies irae*. Ronde du sabbat. La ronde du sabbat et le *Dies irae* ensemble.

**« Roméo et Juliette »**

On ne se méprendra pas sans doute sur le genre de cet ouvrage. Bien que les voix y soient souvent employées, ce n'est ni un opéra de concert ni une cantate, mais une symphonie avec chœurs.

Si le chant y figure presque dès le début, c'est afin de préparer l'esprit de l'auditeur aux scènes dramatiques dont les sentiments et les passions doivent être exprimés par l'orchestre. C'est en outre pour introduire peu à peu dans le développement musical les masses chorales, dont l'apparition trop subite aurait pu nuire à l'unité de la composition. […]

Si, dans les scènes célèbres du jardin et du cimetière, le dialogue des deux amants, les apartés de Juliette et les élans passionnés de Roméo ne sont pas chantés, si enfin les duos d'amour et de désespoir sont confiés à l'orchestre, les raisons en sont nombreuses et faciles à saisir. C'est d'abord, et ce motif seul suffirait à la justification de l'auteur, parce qu'il s'agit d'une symphonie et non d'un opéra. Ensuite, les duos de cette nature ayant été traités mille fois vocalement et par les plus grands maîtres, il était prudent autant que curieux de tenter un autre mode d'expression. C'est aussi parce que la sublimité même de cet amour en rendait la peinture si dangereuse pour le musicien qu'il a dû donner à sa fantaisie une latitude que le sens positif des paroles chantées ne lui eût pas laissée et recourir à la langue instrumentale, langue plus riche, plus variée, moins arrêtée, et, par son vague même, incomparablement plus puissante en pareil cas.

# Entendre et vibrer

*Pour Berlioz, qui composait avec les timbres et avec l'espace, une œuvre musicale est faite pour être entendue et non pas seulement pour être lue. De là l'importance qu'il accorde aux questions d'acoustique ; de là également l'extrême précision de ses partitions, la manière dont il les modifie à force de les éprouver lors de ses concerts, et son refus de tous les lieux communs, qu'il considère comme autant de cache-misère. Fantaisie et invention constante, telles sont les caractéristiques de Berlioz musicien et de Berlioz écrivain.*

Berlioz, par Léon Cogniet.

## Qu'est-ce que la musique ?

*« Tout corps sonore mis en œuvre par le compositeur est un instrument de musique », proclame le premier chapitre du* Traité d'instrumentation *de Berlioz. C'est dire qu'à l'artiste, tout est permis, et que la musique a devant elle des horizons infinis. Berlioz reviendra plus tard sur sa conception de la musique.*

Musique, art d'émouvoir par des combinaisons de sons les hommes intelligents et doués d'organes spéciaux et exercés. Définir ainsi la musique, c'est avouer que nous ne la croyons pas, comme on dit, *faite pour tout le monde.* Quelles que soient en effet ses conditions d'existence, quels qu'aient jamais été ses moyens d'action, simples ou composés, doux ou énergiques, il a toujours paru évident à l'observateur impartial qu'un grand nombre d'individus ne pouvant ressentir ni comprendre sa puissance, ceux-là *n'étaient pas faits pour elle*, et que par conséquent *elle n'était point faite pour eux.*

La musique est à la fois un sentiment et une science ; elle exige de la part de celui qui la cultive, exécutant ou compositeur, une inspiration naturelle et

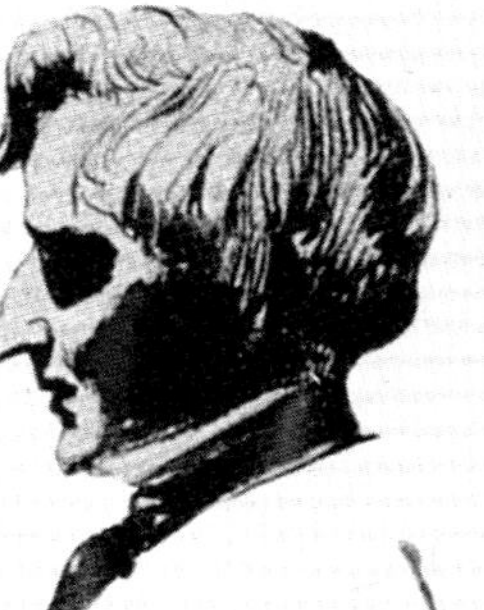

des connaissances qui ne s'acquièrent que par de longues études et de profondes méditations. La réunion du savoir et de l'inspiration constitue l'art. En dehors de ces conditions, le musicien ne sera donc qu'un artiste incomplet, si tant est qu'il mérite le nom d'artiste.

Hector Berlioz,
*A travers chants*, 1862

*Berlioz exigeait que les exécutants et le public sentent avec lui, partagent son émotion. Devant un public froid, distrait ou sans âme, mieux vaut s'abstenir de faire de la musique : il s'en explique clairement par une note écrite sur la partition de* Roméo et Juliette*, avant le mouvement intitulé « Roméo au tombeau des Capulets » :*

Le public n'a point d'imagination; les morceaux qui s'adressent seulement à l'imagination n'ont donc point de public. La scène instrumentale suivante est dans ce cas, et je pense qu'il faut la supprimer toutes les fois que cette symphonie ne sera pas exécutée devant un auditoire d'élite auquel le cinquième acte de la tragédie de Shakespeare avec le dénouement de Garrick est extrêmement familier, et dont le sentiment poétique est très élevé. C'est dire assez qu'elle doit être retranchée quatre-vingt-dix-neuf fois sur cent. Elle présente d'ailleurs au chef d'orchestre qui voudrait la diriger des difficultés immenses. En conséquence, après le « Convoi funèbre de Juliette » [qui précède], on fera un instant de silence et on commencera le finale.

## Les effets physiques de la musique

Mes forces vitales semblent d'abord doublées; je sens un plaisir délicieux où le raisonnement n'entre pour rien; l'habitude de l'analyse vient ensuite d'elle-même faire naître l'admiration; l'émotion, croissant en raison directe de l'énergie ou de la grandeur des idées de l'auteur, produit bientôt une agitation étrange dans la circulation du sang; mes artères battent avec violence; les larmes, qui d'ordinaire annoncent la fin du paroxysme, n'en indiquent souvent qu'un état progressif, qui doit être de beaucoup dépassé. En ce cas, ce sont des contractions spasmodiques des muscles, un tremblement de tous les membres, un engourdissement total des pieds et des mains, une paralysie partielle des nerfs de la vision et de l'audition; je n'y vois plus, j'entends à peine; vertige… demi-évanouissement…

*A travers chants*

## L'acoustique des salles de concert et d'opéra

Il est prouvé, il est certain que le son, pour agir *musicalement* sur l'organisation humaine, ne doit pas partir d'un point trop éloigné de l'auditeur. On est toujours prêt à répondre, lorsqu'on parle de la sonorité d'une salle d'opéra ou de concert : *tout s'y entend fort bien*. Mais j'entends aussi fort bien de mon cabinet le canon que l'on tire sur l'esplanade des Invalides, et cependant ce bruit, qui d'ailleurs est en dehors des conditions musicales, ne me frappe, ne m'émeut, n'ébranle mon système nerveux en aucune façon. Eh bien ! c'est ce coup, cette émotion, cet ébranlement que le son doit absolument donner à l'organe de l'ouïe, pour l'émouvoir musicalement, que l'on ne reçoit pas des groupes même les plus puissants de voix et d'instruments, lorsqu'on les écoute à trop grande distance.

Quelques savants pensent que le fluide électrique est impuissant à

parcourir un espace plus grand qu'un certain nombre de milliers de lieues ; j'ignore s'il en est ainsi, mais je suis sûr que le fluide musical (je demande la permission de désigner ainsi la cause inconnue de l'émotion musicale) est sans force, sans chaleur et sans vie à une certaine distance de son point de départ. On *entend*, on ne *vibre pas*. Or *il faut vibrer* soi-même avec les instruments et les voix, et par eux, pour percevoir de véritables sensations musicales.

Rien n'est plus facile à démontrer. Placez un petit nombre de personnes, bien organisées et douées de quelque connaissance de la musique, dans un salon de médiocre grandeur, point trop meublé ni tapissé ; exécutez dignement devant elles quelque vrai chef-d'œuvre, d'un vrai compositeur, vraiment inspiré, une œuvre bien pure de ces insupportables beautés de convention que prônent les pédagogues et les enthousiastes de parti pris, un simple trio pour piano, violon et basse, le trio en *si* bémol de Beethoven, par exemple ; que va-t-il se passer ? Les auditeurs vont se sentir peu à peu remplis d'un trouble inaccoutumé, ils éprouveront une jouissance intense, profonde, qui tantôt les agitera vivement, tantôt les plongera dans un calme délicieux, dans une véritable extase.

Au milieu de l'*andante*, au troisième ou quatrième retour de ce thème sublime et si passionnément religieux, il peut arriver à l'un d'eux de ne pouvoir contenir ses larmes, et s'il les laisse un instant couler, il finira peut-être (j'ai vu le phénomène se produire) par pleurer avec violence, avec fureur, avec explosion. Voilà un effet musical ! Voilà un auditeur saisi, enivré par l'art des sons, un être élevé à une hauteur incommensurable au-dessus des régions ordinaires de la vie ! Il adore la musique, celui-là ; il ne sait comment exprimer ce qu'il ressent, son admiration est ineffable, et sa reconnaissance pour le grand poète-compositeur qui vient de le ravir ainsi égale son admiration.

*A travers chants*

**Berlioz musicien**

En général mon style est très hardi, mais il n'a pas la moindre tendance à détruire quoi que ce soit des éléments constitutifs de l'art. Au contraire, je cherche à accroître le nombre de ces éléments. Je n'ai jamais songé, ainsi qu'on l'a si follement prétendu en France, à faire de la musique *sans mélodie*. Cette école existe maintenant en Allemagne et je l'ai en horreur. Il est aisé de se convaincre que, sans même me borner à prendre une mélodie très courte pour thème d'un morceau, comme l'ont fait souvent les plus grands maîtres, j'ai toujours soin de mettre un vrai luxe mélodique dans mes compositions. On peut parfaitement contester la valeur de ces mélodies, leur distinction, leur nouveauté, leur charme, ce n'est pas à moi qu'il appartient de les apprécier ; mais nier leur existence, c'est, je le soutiens, mauvaise foi ou ineptie. Seulement, ces mélodies étant souvent de très grande dimension, les esprits enfantins, à courte vue, n'en distinguent pas la forme clairement ; ou mariées à d'autres mélodies secondaires qui, pour ces mêmes esprits enfantins, en voilent les contours ; ou enfin ces mélodies sont si dissemblables des petites drôleries appelées mélodies par le bas peuple musical, qu'il ne peut se résoudre à donner le même nom aux unes et aux autres.

Les qualités dominantes de ma musique sont l'expression passionnée, l'ardeur intérieure, l'entraînement rythmique et l'imprévu. Quand je dis expression passionnée, cela signifie expression acharnée à reproduire le sens intime de son sujet, alors même que le sujet est le contraire de la passion et qu'il s'agit d'exprimer des sentiments doux, tendres, ou le calme le plus profond. […]

Pour bien rendre (mes œuvres), les exécutants, et leur directeur surtout, doivent *sentir* comme moi. Il faut une précision extrême unie à une verve irrésistible, une fougue réglée, une sensibilité rêveuse, une mélancolie pour ainsi dire maladive, sans lesquelles les principaux traits de mes figures sont altérés ou complètement effacés. Il m'est en conséquence excessivement douloureux d'entendre la plupart de mes compositions exécutées sous une direction autre que la mienne. Je faillis avoir un coup de sang en écoutant, à Prague, mon ouverture du *Roi Lear* dirigée par un maître de chapelle dont le talent est pourtant incontestable. C'était à peu près juste… mais ici l'à-peu-près est tout à fait faux.

*Mémoires*, post-scriptum

**Berlioz écrivain**

A qui voudrait goûter le talent de Berlioz écrivain, à qui voudrait saisir l'expression la plus parfaite, peut-être, de « l'esprit romantique », je me permettrai de conseiller pourtant, avant l'obligatoire visite du monument désormais historique de ces *Mémoires*, un détour « à travers chant » vers une sorte de miraculeux chef-d'œuvre de cocasserie et de gravité mêlées, à peu près inconnu du public, s'il fait les délices des *happy few* – je veux parler, bien sûr, des *Soirées de l'orchestre*. […] Mais sous quels traits se cache Berlioz ? Est-il Corsino, le violon passionné et sceptique ? Turuth, le flûtiste sentimental ? Kleiner, le rustre ?

Bacon, l'alto qui ne comprend rien à rien ? Ou le premier cor Moran (!) ? Il avait d'abord voulu intituler son ouvrage *les Contes de l'orchestre*, en hommage à Hoffmann ; et, en effet, il retrouve ici et prolonge la tradition des « doubles » romantiques, du Berglinger de Wackenroder aux Florestan et Eusebius de Schumann, en passant par Kreisler le musicien fou d'Hoffmann, mais il est à peu près le seul Français à avoir compris qu'à travers la « fantaisie » s'était joué là quelque chose d'essentiel dans la pensée – et c'est ce qui donne, sous les pirouettes et les calembours, à la fois sa profondeur et son allure de liberté à cette œuvre unique : car Berlioz n'est aucun de ses personnages en particulier mais le lieu de leur affrontement. Ainsi tout ce que le discours critique d'ordinaire refoule – thèses gênantes, contradictions, objections –, ici, pour la première fois, se déploie librement.

Michel Le Bris,
*Le Nouvel Observateur,*
24 septembre 1979

**La perfection du geste créateur**

Lorsque [Berlioz] voulait être ému, il demandait à Liszt de lui jouer les sonates de Beethoven ou bien, s'il se trouvait un violoniste ou un violoncelliste, il ne se lassait pas de réécouter le *Trio en si bémol* (« l'Archiduc »). La perfection du geste créateur, voilà ce qui le touchait au plus profond de lui-même ; et, lorsqu'il évoque les situations dramatiques les plus frappantes du théâtre de Gluck, c'est toujours en référence aux moyens employés en parfaite concordance avec les exigences de la situation ; ce sont eux qui lui tirent des larmes, jusque dans *le Barbier de Séville* ; c'est le génie du compositeur qui l'émeut, davantage que le prétexte dramatique.

Ainsi, que Berlioz n'ait composé ni sonates ni quatuors, qu'il ait donné des titres plutôt que des numéros à chacune de ses œuvres ne signifie pas qu'il se désintéressait de l'aspect spécifiquement musical de la musique. Si l'on en voulait une preuve supplémentaire, il serait facile de répondre à ceux qui s'indignent de ses attaques réitérées contre la fugue qu'il n'est pas une œuvre où Berlioz ne fasse un usage original du style fugué : il s'en est même servi pour commencer la plupart de ses compositions [...].

Personne ne songe plus à prétendre que les aspects insolites de son harmonie sont le résultat d'une éducation bâclée, alors qu'ils témoignent à l'évidence d'un souci de découvrir quelque chose de plus intéressant (musicalement parlant), de plus « juste », que les formules consacrées employées par la plupart de ses contemporains et qu'il connaissait – ne soyons pas naïfs – aussi bien qu'eux.

D'autre part, il est clair que la coupe formelle, parfois étrange, de ses mouvements ou de ses œuvres, n'est pas le fruit d'un musicien gâté par la littérature, mais plutôt d'une recherche continuelle pour trouver l'adéquation la plus exacte entre le contenu et la forme : l'harmonie, le rythme, l'orchestration ayant considérablement évolué depuis que Haydn avait fixé le moule de la symphonie, par exemple, n'était-il pas naturel qu'un artiste véritablement conséquent remette en question une architecture conçue pour une autre pensée musicale et pour une sensibilité différente ? [...]

Le goût de Berlioz pour les effets inédits ou nouveaux en son temps n'était que la conséquence de sa haine des formules, des lieux communs, non tant parce qu'ils ont trop servi que parce qu'ils dénotent une absence d'imagination incompatible avec son idéal de l'artiste créateur. Cette passion pour l'originalité lui faisait éprouver une tendresse particulière pour de vieux maîtres auxquels il ne ressemblait guère cependant : Grétry, Monsigny, Dalayrac, Méhul… À leur sujet, il ne craignait pas d'avouer : « J'aime les anciens parce qu'ils ne ressemblent pas aux modernes (trop uniformes entre eux, selon Berlioz), parce qu'ils sont nouveaux. »

Gérard Condé,
*Le Monde*, 10 septembre 1987

## Berlioz intime

Le prince de Metternich dit un jour à Berlioz : « C'est vous, monsieur, qui composez de la musique pour cinq cents musiciens ? », qui lui répondit en s'inclinant : « J'en fais quelquefois pour quatre cent cinquante ». Rapportée par Berlioz lui-même, à la fin de ses *Mémoires*, l'anecdote illustre assez le malentendu auquel donne lieu l'appréciation superficielle de l'ensemble de son œuvre selon des critères purement matériels, que ce soit pour louer l'emploi occasionnel d'une masse considérable d'exécutants, ou pour déplorer ces excès.

Pourtant, plus on s'attache à cerner la singularité de Berlioz, plus le gigantisme de certaines pages apparaît comme un moyen et non comme une fin : il y a des idées qui exigent d'être traitées en grand. Elles n'en sont pas moins subtiles pour autant. En dépit des préjugés généreusement répandus, il faut donc compter la délicatesse et le raffinement des détails parmi les aspects essentiels de l'esthétique berliozienne.

Sans eux, ses œuvres grandioses sembleraient de plus en plus creuses au fur et à mesure qu'on s'approche pour les examiner, alors que c'est le contraire. Sans eux, il n'aurait jamais pu écrire le cycle des *Nuits d'été*, dont ses plus violents détracteurs reconnaissent la grâce et l'économie. On ne s'improvise pas miniaturiste. Le véritable sujet d'étonnement serait plutôt qu'un musicien dont l'instrument familier était la guitare ait pu édifier de véritables cathédrales sonores.

Mais Berlioz a aussi écrit des romances et des chœurs. Et l'on ne saurait, sauf exception, parler d'œuvrettes de circonstance ou de travaux alimentaires, tant il est clair qu'il ne composa jamais sans inspiration, ou par complaisance.

Il existe ainsi une quantité de pages inconnues, dont l'intérêt n'est pas seulement documentaire ; et quand bien même, elles apportent un éclairage nouveau sur d'autres plus célèbres dont elles sont parfois l'ébauche.

Gérard Condé,
*Le Monde*, 25 juin 1986

# Le réel et l'idéal

*Compositeur et chef d'orchestre lui-même, Berlioz peut s'exprimer sur le travail de l'interprétation musicale et, sur un mode théorique, évoquer l'effet que doit produire la musique idéalement exécutée. Le chef d'orchestre Berlioz se sert de la réalité comme d'un tremplin pour accéder aux sphères supérieures de la musique.*

## L'art du chef d'orchestre

On a souvent accusé les chanteurs d'être les plus dangereux (des intermédiaires placés entre le public et le compositeur) ; c'est à tort, je le crois. Le plus redoutable, à mon sens, c'est le chef d'orchestre. Un mauvais chanteur ne peut gâter que son propre rôle, le chef d'orchestre incapable ou malveillant ruine tout. Heureux encore doit s'estimer le compositeur quand le chef d'orchestre entre les mains duquel il est tombé n'est pas à la fois incapable et malveillant : car rien ne peut résister à la pernicieuse influence de celui-ci. Le plus merveilleux orchestre est alors paralysé, les plus excellents chanteurs sont gênés et engourdis, il n'y a plus ni verve ni ensemble ; sous une pareille direction les plus nobles hardiesses de l'auteur semblent des folies, l'enthousiasme voit son élan brisé, l'inspiration est violemment ramenée à terre, l'ange n'a plus d'ailes, l'homme de génie devient un extravagant ou un crétin, la divine statue est précipitée de son piédestal et traînée dans la boue ; et, qui pis est, le public et des auditeurs même doués de la plus haute intelligence musicale sont dans l'impossibilité, s'il s'agit d'un ouvrage nouveau qu'ils entendent pour la première fois, de reconnaître les ravages exercés par le chef d'orchestre, de découvrir les sottises, les fautes, les crimes qu'il commet. […]

Heureusement je m'attaque ici à une exception : le chef d'orchestre capable ou non, mais malveillant, est assez rare.

Le chef d'orchestre plein de bon vouloir, mais incapable, est au contraire fort commun. […]

Le chef d'orchestre doit *voir* et *entendre*, il doit être *agile* et *vigoureux*, connaître *la composition, la nature* et *l'étendue* des instruments, savoir lire la partition et posséder, en outre, […] d'autres dons, presque indéfinissables, sans lesquels un lien invisible ne peut s'établir entre lui et ceux qu'il dirige, la faculté de leur transmettre son sentiment lui est refusée, et par suite, le pouvoir, l'empire, l'action directrice lui échappent complètement. Ce n'est plus alors un chef, un directeur, mais un simple batteur de mesure, en supposant qu'il sache la battre et la diviser régulièrement.

Il faut qu'on sente qu'il sent, qu'il comprend, qu'il est ému : alors son sentiment et son émotion se communiquent à ceux qu'il dirige, sa flamme intérieure les échauffe, son électricité les électrise, sa force d'impulsion les entraîne, il projette autour de lui les irradiations vitales de l'art musical. S'il est inerte ou glacé, au contraire, il paralyse tout ce qui l'entoure ; comme ces masses flottantes des mers polaires, dont on devine l'approche au refroidissement subit de l'air.

Hector Berlioz,
*Le Chef d'orchestre, théorie de son art,* 1855

## Puissance de la musique

Ce bonheur, plus profond que tous les autres bonheurs, est bien réellement inconnu de la majeure partie de la race humaine. Les arts, dont les uns ne s'adressent qu'à l'intelligence et dont les autres sont *privés du mouvement*, ne sauraient rien produire de comparable. La musique (réfléchissez bien à ce que j'entends par ce mot, et ne confondez pas ensemble des choses qui n'ont de commun que le nom), la musique, dis-je, parle d'abord à un sens qu'elle charme et dont l'excitation, se propageant à tout l'organisme, produit une volupté tantôt douce et calme, tantôt fougueuse et violente, qu'on ne croit pas possible avant de l'avoir éprouvée.

La musique, en s'associant à des idées qu'elle a mille moyens de faire naître, augmente l'intensité de son action de la toute-puissance de ce qu'on appelle vulgairement la poésie ; déjà brûlante elle-même, en exprimant les passions elle s'empare de leur flamme ; étincelante de rayons sonores, elle les décompose au prisme de l'imagination ; elle embrasse à la fois le réel et l'idéal ; comme l'a dit J.-J. Rousseau, elle fait « parler le silence même » ; en suspendant l'action du rythme qui lui donne le mouvement et la vie, elle peut prendre l'aspect de la mort. Dans les jeux harmoniques auxquels elle se livre, elle pourrait prétendre (elle n'a que trop prétendu) à n'être qu'un divertissement de l'esprit, dans ses jeux mélodiques à ne faire qu'amuser l'oreille.

Mais quand, réunissant à la fois toutes ses forces sur l'oreille qu'elle charme ou offense habilement, sur le système nerveux qu'elle surexcite, sur la circulation du sang qu'elle accélère, sur le cerveau qu'elle embrase, sur le cœur qu'elle gonfle et fait battre à coups redoublés, sur la pensée qu'elle agrandit démesurément et lance dans les régions de l'infini, elle agit dans la sphère qui lui est propre, c'est-à-dire sur des êtres chez lesquels le sens musical existe réellement ; alors, libre et souveraine, elle dédaigne son puissant et souvent dangereux auxiliaire, l'art dramatique ; elle suffit à tout, et prouve jusqu'à l'évidence l'immensité de son pouvoir et la beauté de son génie.

Hector Berlioz,
*Journal des débats*, 7 mars 1849,
*in* Gérard Condé,
*Cauchemars et Passions*

# L'art : la seule religion possible

*Sceptique en religion, Berlioz professa toute sa vie le culte de l'art : proférant l'anathème contre les arrangeurs de tout acabit, nouveaux marchands du temple, il invoque Shakespeare, le poète, le vrai Dieu, au moment où la vie se dérobe.*

## Les arrangeurs

Le *Freischütz* (de Weber), non point dans sa beauté originale, mais mutilé, vulgarisé, torturé et insulté de mille façons par un arrangeur, le *Freischütz* transformé en *Robin des Bois* fut représenté à l'Odéon. […]

Ô misérable !… Et l'on donne cinquante coups de fouet à un pauvre matelot pour la moindre insubordination !…

C'était pour assurer aussi le succès de *La Flûte enchantée*, de Mozart, que le directeur de l'Opéra, plusieurs années auparavant, avait fait le beau *pasticcio* que nous possédons, sous le titre *les Mystères d'Isis*. […]

Ce fut ainsi qu'à vingt ans d'intervalle, chacun de ces mendiants vint se vautrer avec ses guenilles sur le riche manteau d'un roi de l'harmonie ; c'est ainsi qu'habillés en singes, affublés de ridicules oripeaux, un œil crevé, un bras tordu, une jambe cassée, deux hommes de génie furent présentés au public français ! Et leurs bourreaux dirent au public : voilà Mozart, voilà Weber ! et le public les crut. Et il ne se trouva personne pour traiter ces scélérats selon leur mérite et leur envoyer au moins un furieux démenti !

Hélas ! les connût-il, le public s'inquiète peu de pareils actes.

Aussi bien en Allemagne, en Angleterre et ailleurs qu'en France, on tolère que les plus nobles œuvres dans tous les genres soient arrangées, c'est-à-dire gâtées, c'est-à-dire insultées de mille manières, par des gens de rien. […]

Qu'on ne vienne pas dire que les arrangeurs, dans leurs travaux sur les maîtres, ont fait quelquefois d'heureuses trouvailles ; car ces conséquences exceptionnelles ne sauraient justifier l'introduction dans l'art d'une aussi monstrueuse immoralité.

Non, non, non, dix millions de fois non, musiciens, poètes, prosateurs, acteurs, pianistes, chefs d'orchestre, du troisième ou du second ordre, et même du premier, vous n'avez pas le droit de toucher aux Beethoven et aux Shakespeare, pour leur faire l'aumône de votre *science* et de votre *goût*.

Non, non, non, mille millions de fois non, un homme, quel qu'il soit, n'a pas le droit de forcer un autre homme, quel qu'il soit, d'abandonner sa propre physionomie pour en prendre une autre, de s'exprimer d'une façon qui n'est pas la sienne, de revêtir une forme qu'il n'a pas choisie, de devenir de son vivant un mannequin qu'une volonté étrangère fait mouvoir, ou d'être galvanisé après sa mort. Si cet homme est médiocre, qu'on le laisse enseveli dans sa médiocrité ! S'il est d'une nature d'élite au contraire, que ses égaux, que ses supérieurs même, le respectent, et que ses inférieurs s'inclinent humblement devant lui. […]

Et si les chefs d'orchestre osent, selon leur caprice, faire disparaître ou introduire certaines parties dans des œuvres (comme les symphonies de Beethoven, *Don Giovanni, les Noces de Figaro* et *le Barbier de Séville*), qui empêche les violons ou les cors, ou le dernier des musiciens, d'en faire autant ? Les traducteurs ensuite, les éditeurs et même les copistes, les graveurs et les imprimeurs, n'auront-ils pas un bon prétexte pour suivre cet exemple ?…

N'est-ce pas la ruine, l'entière destruction, la fin totale de l'art ?… Et ne devons-nous pas, nous tous épris de sa gloire et jaloux des droits imprescriptibles de l'esprit humain, quand nous voyons leur porter atteinte, dénoncer le coupable, le poursuivre et lui crier de toute la force de notre courroux : « Ton crime est ridicule ; *Despair !!* Ta stupidité est criminelle ; *Die !!* Sois bafoué, sois conspué, sois maudit ! *Despair and die !!* Désespère et meurs ! »

*Mémoires*, chap. XVI

## Après la mort d'Harriet

Destruction, feux et tonnerres, sang et larmes, mon cerveau se crispe dans mon crâne en songeant à ces horreurs !…

Shakespeare ! Shakespeare ! où est-il ? où es-tu ? Il me semble que lui seul parmi les êtres intelligents peut me comprendre et doit nous avoir compris tous les deux ; lui seul peut avoir eu pitié de nous, pauvres artistes s'aimant, et déchirés l'un par l'autre. Shakespeare ! Shakespeare ! tu dois avoir été humain ; si tu existes encore tu dois accueillir les misérables ! C'est toi qui es notre père, toi qui es aux cieux, s'il y a des cieux.

Dieu est stupide et atroce dans son indifférence infinie ; toi seul es le Dieu bon pour les âmes d'artistes ; reçois-nous sur ton sein, père, embrasse-nous ! *De profundis ad te clamo*. La mort, le néant, qu'est-ce que cela ?

L'immortalité du génie !…

*What ?… O fool ! fool ! fool !* […]

Et pourtant… c'est lui qui prépare ton dernier voyage, *poor Ophelia !* c'est lui qui va dire à un prêtre comme Laërte : *« What ceremonies else ? »*… lui qui a tant souffert par toi, après avoir tant souffert pour toi, lui qui, malgré ses torts, peut dire comme Hamlet :

*Forty thousand brothers…*

*« Quarante mille frères ne l'eussent pas aimée comme je t'aimais ! »*

Shakespeare ! Shakespeare ! je sens revenir l'inondation, je sombre dans le chagrin, et je te cherche encore…

*Father ! Father ! Where are you ?*

*Mémoires*, chap. LIX

# Euphonia, la cité idéale de la musique

*En imaginant Euphonia, Berlioz donne la vie à une nouvelle forme d'utopie : celle où la vie des hommes et l'administration des choses seraient vouées au culte exclusif de l'art. Dans ce rêve dément d'organisation politique, il fixe avec minutie l'écho des préoccupations saint-simoniennes qui l'habitèrent un instant, vers 1831, et qu'on retrouve aussi bien dans le* Chant des chemins de fer *que dans le troisième acte des* Troyens. *Berlioz emprunte là le chemin qui va de Platon et Rabelais à George Orwell,* via *Thomas More, Campanella et Charles Fourier.* Metropolis *n'est pas non plus très loin.*

Tous les Euphoniens, hommes, femmes et enfants, s'occupent exclusivement de chanter, de jouer des instruments, et de ce qui se rapporte directement à l'art musical. La plupart sont à la fois instrumentistes et chanteurs. Quelques-uns, qui n'exécutent point, se livrent à la fabrication des instruments, à la gravure et à l'impression de la musique. D'autres consacrent leur temps à des recherches d'acoustique et à l'étude de tout ce qui, dans les phénomènes physiques, peut se rattacher à la production des sons.

Les joueurs d'instruments et les chanteurs sont classés par catégories dans les divers quartiers de la ville. Chaque voix et chaque instrument a une rue qui porte son nom, et qu'habite seule la partie de la population vouée à la pratique de cette voix ou de cet instrument. Il y a les rues des soprani, des basses, des ténors, des contralti, des violons, des cors, des flûtes, des harpes, etc., etc.

Il est inutile de dire qu'Euphonia est gouvernée militairement et soumise à un régime despotique. De là l'ordre parfait qui règne dans les études, et les résultats merveilleux que l'art en a obtenus. […]

L'éducation des Euphoniens est ainsi dirigée : les enfants sont exercés de très bonne heure à toutes les combinaisons rythmiques ; ils arrivent en peu d'années à se jouer des difficultés de la division fragmentaire des temps de la mesure, des formes syncopées, des mélanges de rythmes inconciliables, etc. ; puis vient pour eux l'étude du solfège, parallèlement à celle des instruments, un peu plus tard celle du chant et de l'harmonie. Au moment de la puberté, à cette heure d'efflorescence de la vie où les passions commencent à se faire sentir, on cherche à développer en eux le sentiment juste de l'expression et par suite du beau style.

Cette faculté si rare d'apprécier, soit dans l'œuvre du compositeur, soit dans l'exécution de ses interprètes, la vérité d'expression, est placée au-dessus de toute autre dans l'opinion des Euphoniens.

Quiconque est convaincu d'en être absolument privé, ou de se complaire à l'audition d'ouvrages d'une expression fausse, est inexorablement renvoyé de la ville, eût-il d'ailleurs un talent éminent ou une voix exceptionnelle ; à moins qu'il ne consente à descendre à quelque emploi inférieur, tel que la fabrication des cordes à boyaux ou la préparation des peaux de timbales. […]

Le signal des heures de travail et des repas, des réunions par quartiers, par rues, des répétitions par petites ou par grandes masses, etc., est donné au moyen d'un orgue gigantesque placé au haut d'une tour qui domine tous les édifices de la ville. Cet orgue est animé par la vapeur, et sa sonorité est telle qu'on l'entend sans peine à quatre lieues de distance […].

Le langage de l'orgue de la tour, ce télégraphe de l'oreille, n'est guère compris que des Euphoniens ; eux seuls connaissent bien la téléphonie, précieuse invention dont un nommé Sudre entrevit, au XIX^e^ siècle, toute la portée, et qu'un des préfets de l'harmonie d'Euphonia a développée et conduite au point de perfection où elle est aujourd'hui. Ils possèdent aussi la télégraphie, et les directeurs des répétitions n'ont à faire qu'un simple signe avec une ou deux mains et le bâton conducteur, pour indiquer aux exécutants qu'il s'agit de faire entendre, fort ou doux, tel ou tel accord suivi de telle ou telle cadence ou modulation, d'exécuter tel ou tel morceau classique tous ensemble, ou en petite masse, ou en *crescendo*, les divers groupes entrant alors successivement […].

Tout mouvement du corps indiquant le rythme pendant le chant est sévèrement interdit aux choristes. On les exerce encore au silence, au silence absolu et si profond que trois mille choristes euphoniens réunis dans le cirque, ou dans tout autre local sonore, laisseraient entendre le bourdonnement d'un insecte, et pourraient faire croire à un aveugle placé au milieu d'eux qu'il est entièrement seul.

Hector Berlioz,
*Les Soirées de l'orchestre*,
vingt-cinquième soirée :
« Euphonia ou la ville musicale,
nouvelle de l'avenir »

*La Destruction de Babylone* d'après John Martin (1830) : le poète allemand Heinrich Heine aimait à comparer la musique de Berlioz et les visions qu'elle lui inspirait aux incendies et aux déluges qui abondent dans l'œuvre du peintre anglais.

# Variétés de spleen

*Qu'il fût causé par un ennui essentiel, par de fatales amours ou par un exil étouffant loin de la vie et des passions, le spleen a poursuivi Berlioz pendant toute son existence. La création musicale, bien sûr, mais aussi le voyage et la quête de l'aventure se révélèrent pour lui les seuls remèdes ou les seules transfigurations possibles de ce « mal de l'isolement » qui fut aussi celui du romantisme tout entier.*

## Le spleen de l'ennui

Tous mes muscles tremblent comme ceux d'un mourant !... Ô mon ami, envoyez-moi un ouvrage ; jetez-moi un os à ronger... Que la campagne est belle !... quelle lumière abondante !... Tous les vivants que j'ai vus en revenant avaient l'air heureux... les arbres frémissaient doucement, et j'étais tout seul dans cette immense plaine... L'espace... l'éloignement... l'oubli... la douleur... la rage m'environnaient. Malgré tous mes efforts, la vie m'échappe, je n'en retiens que des lambeaux.

Avec mon âge, avec mon organisation, n'avoir que des sensations déchirantes ; avec cela les persécutions de ma famille recommencent : mon père ne m'envoie plus rien, ma sœur m'a écrit aujourd'hui qu'il persistait dans cette résolution. L'argent... toujours l'argent !... Oui, l'argent rend heureux. Si j'en avais beaucoup, je pourrais l'être, et la mort n'est pas le bonheur, il s'en faut de beaucoup.

Ni pendant... ni après...

Ni avant la vie ?

Quand donc ?

Jamais.

Inflexible nécessité !...

Et cependant le sang circule ; mon cœur bat comme s'il bondissait de joie.

Au fait, je suis furieusement en train ; de la joie, morbleu, de la joie !

Lettre du 28 juin 1828
à Humbert Ferrand

Et puis les quatre-vingt-dix centièmes du temps, je m'ennuie de tout. Mes graveurs me manquent de parole, le lythographe [*sic*] fait des bêtises, mes bottes prennent l'eau, j'ai mal aux dents, et j'ai mal au nez, je rage contre tout, je donne des coups de poing sur mon piano, je voudrais briser, exterminer tout… Je sors, j'ai froid, je monte sur la butte Montmartre, j'ai chaud à la fin, je vois une grande plaine sans eau, je pense à La Côte, à vous, je reviens, je vois le cimetière Montmartre, Hamlet, Shakespeare, la vie, la douleur, la mort, le mouvement sans but, la course qui mène à l'inertie, la possibilité d'un bonheur court mais immense, la rareté du fait, alors je hais infiniment tout, puis je pense à la philosophie, j'éclate de rire, je grince des dents, je songe à la musique alors je rougis, je redeviens sérieux, je m'arrête, je pense, je combine, j'entends mon cœur battre, je vis.

Lettre du 28 décembre 1829
à sa sœur Nanci

## Le spleen amoureux

Il faut que je vous écrive encore ce soir; cette lettre ne sera peut-être pas plus heureuse que les autres… Mais n'importe. Pourriez-vous me dire ce que c'est que cette puissance d'émotion, cette *faculté* de *souffrir* qui me tue?

Demandez à votre ange… à ce séraphin qui vous a ouvert la porte des cieux!…

Ne gémissons pas! mon feu s'éteint, attendez un instant… Ô mon ami, savez-vous?… J'ai brûlé, pour l'allumer, le manuscrit de mon *Élégie* en prose!… des larmes toujours, des larmes sympathiques; je vois Ophelia en verser, j'entends sa voix tragique, les rayons de ses yeux sublimes me consument. Ô mon ami, je suis bien malheureux! c'est inexprimable!

Tout ceci est fou… complètement fou, pour un joueur de dominos du café de la Régence ou un membre de l'Institut… Non, je veux vivre… encore…; la musique est un art céleste, rien n'est au-dessus, que le véritable amour; l'un me rendra peut-être aussi malheureux que l'autre, mais au moins, j'aurai vécu… de souffrances, il est vrai, de rage, de cris et de pleurs, mais j'aurai… rien… Mon cher Ferdinand!… j'ai trouvé en vous tous les symptômes de la véritable amitié, celle que j'ai pour vous est aussi très vraie; mais je crains bien qu'elle ne vous donne jamais ce bonheur calme qu'on trouve loin des volcans… hors de moi, tout à fait incapable de dire quelque chose de… raisonnable… il y aura un an que je LA vis pour la dernière fois… Oh! malheureuse! que je t'aimais! J'écris en frémissant que je *t'aime*!… […]

Au fait!

Je suis un homme très malheureux, un être presque isolé dans le monde, un animal accablé d'une imagination qu'il ne peut porter, dévoré d'un amour sans bornes qui n'est payé que par l'indifférence et le mépris; oui! mais j'ai connu certains génies musicaux, j'ai ri à la lueur de leurs éclairs et je grince des dents seulement de souvenir!

Oh! sublimes! exterminez-moi!

Appelez-moi sur vos nuages dorés, que je sois délivré!…

LA RAISON

«Sois tranquille, imbécile, dans peu d'années, il ne sera pas plus question de tes souffrances que de ce que tu appelles le génie de Beethoven, la sensibilité passionnée de Spontini, l'imagination rêveuse de Weber, la puissance colossale de Shakespeare!…

Va, va, Henriette Smithson et Hector Berlioz *seront réunis* dans l'oubli de la tombe, ce qui n'empêchera pas d'autres malheureux de souffrir et mourir!…»

Lettre du 3 mars 1830
à Ferdinand Hiller

# L'axe Italie-Angleterre

*Berlioz a grandi avec les Alpes comme seule frontière et dans l'amour de* l'Énéide *de Virgile, poème qui raconte la fondation de Rome. Il a épousé une comédienne née en Irlande et venue jouer à Paris Ophélie et Juliette. Des ouvertures inspirées de Walter Scott, un long séjour en Italie, la figure de Byron, de nombreux voyages à Londres, la composition des* Troyens, *la présence de Shakespeare jusque dans l'ultime* Béatrice et Bénédict *dont l'action se joue à Messine : la double influence de l'Angleterre et de l'Italie fut déterminante dans l'inspiration de Berlioz. Ou comment conjuguer la tentation des brumes et le désir éperdu de soleil.*

## Hamlet puis Roméo

*Septembre 1827 : Berlioz découvre à l'Odéon le théâtre de Shakespeare et, dans les rôles d'Ophélie et de Juliette, la comédienne Harriet Smithson, née en Irlande, qui deviendra sa femme six ans plus tard. Il est foudroyé. Pour conjurer l'émotion, il se jette sur un recueil du poète irlandais Thomas Moore traduit en français, choisit un texte et en fait une* Elégie *qui le bouleverse lui-même. Il composera par la suite huit autres mélodies sur des poésies de Moore. Les* Neuf Mélodies *seront rebaptisées* Irlande *en 1849.*

Si jamais cette élégie est connue en Angleterre et en Allemagne, elle y trouvera peut-être quelques rares sympathies ; les cœurs déchirés s'y reconnaîtront. Un tel morceau est incompréhensible pour la plupart des Français, et absurde et insensé pour des Italiens.

En sortant de la représentation d'*Hamlet*, épouvanté de ce que j'avais ressenti, je m'étais promis

formellement de ne pas m'exposer de nouveau à la flamme shakespearienne. Le lendemain on afficha *Romeo and Juliet*... J'avais mes entrées à l'orchestre de l'Odéon ; eh bien, dans la crainte que de nouveaux ordres donnés au concierge du théâtre ne vinssent m'empêcher de m'y introduire comme à l'ordinaire, aussitôt après avoir vu l'annonce du redoutable drame, je courus au bureau de location acheter une stalle, pour m'assurer doublement de mon entrée. Il n'en fallait pas tant pour m'achever.

Après la mélancolie, les navrantes douleurs, l'amour éploré, les ironies cruelles, les noires méditations, les brisements de cœur, la folie, les larmes, les deuils, les catastrophes, les sinistres hasards d'Hamlet, après les sombres nuages, les vents glacés du Danemark, m'exposer à l'ardent soleil, aux nuits embaumées de l'Italie, assister au spectacle de cet amour prompt comme la pensée, brûlant comme la lave, impérieux, irrésistible, immense, et pur et beau comme le sourire des anges, à ces scènes furieuses de vengeance, à ces étreintes éperdues, à ces luttes désespérées de l'amour et de la mort, c'était trop. Aussi, dès le troisième acte, respirant à peine, et souffrant comme si une main de fer m'eût étreint le cœur, je me dis avec une entière conviction : Ah ! je suis perdu.

*Mémoires*, chap. XVIII

## Scène funèbre à Florence

*Printemps 1831 : Berlioz est à Florence. Dans la cathédrale puis à la morgue, il vit avec le corps d'une jeune femme morte un épisode à la manière d'Hamlet penché sur le corps d'Ophélie – à moins qu'il se rêve découvrant le cadavre de Juliette.*

Un soir, la cathédrale étant ouverte, j'y suis entré ; comme je rêvais assis dans un coin de la nef, je vis sortir de la sacristie une longue file de pénitents blancs, de prêtres, d'enfants de chœur portant des flambeaux avec la croix. Je demandai à un homme ce que c'était ; il me répondit : *Una sposina morta el mezzo giorno*. Je suivis le convoi, mon sang commençait à circuler, je pressentais des sensations. La jeune femme était morte dans une superbe maison voisine, appartenant à son mari, riche Florentin qui l'adorait. Une foule immense était assemblée devant la porte pour voir enlever le catafalque. On avait distribué un grand nombre de cierges qui répandaient dans les rues obscures la plus étrange clarté. Arrivés à l'église, les prêtres font leur office, et nous abandonnent ensuite le cadavre.
Il faisait tout à fait nuit ; les porteurs du catafalque l'ont découvert, et j'ai vu un enfant nouveau-né qu'ils tiraient d'une petite bière, et qu'ils mettaient dans la plus grande où était sa mère. J'ai reconnu alors que la *sposina* était morte en couches et qu'on allait l'enterrer avec son enfant. [...] La fantaisie m'a pris de suivre les porteurs au cimetière. Après un long trajet, durant lequel la foule des curieux s'était complètement dissipée, je suis arrivé près d'une porte éloignée de Florence ; mais, au lieu d'arriver au cimetière, le convoi s'est arrêté à une espèce de morgue où on dépose les morts jusqu'à deux heures du matin, où un tombereau vient les chercher pour aller en terre. Un des chantres, s'approchant de moi, me dit en français : « Voulez-vous entrer ?...
– Oui. » Et, me plaçant à côté de lui pour un *paolo* (12 sous), il parle à l'oreille du gardien de la morgue et on me laisse entrer. Ils ont tiré de la bière la pauvre *sposina* et l'ont déposée sur une des

tables de bois qui garnissaient cette espèce de caveau. « Voyez, monsieur, me disait mon chantre avec une espèce de joie, toutes ces tables, eh bien, il y a des jours où c'est tout plein, tout plein ! et puis, à deux heures de nuit, la voiture vient et emporte tout ! – Mais faites-moi donc voir cette dame ! » Il l'a découverte aussitôt. Oh ! Dieu ! elle était charmante ! Vingt-deux ans, elle avait une belle robe de percale nouée au-dessous de ses pieds, ses cheveux n'étaient pas encore trop dérangés. Sans doute elle était morte d'un dépôt dans le cerveau, une eau jaunâtre lui coulait des narines et de la bouche ; je lui ai fait essuyer la figure ; puis ce brutal lui a laissé retomber la tête tout d'un coup, avec un bruit sourd qui a ému toutes les tables. Je lui ai pris la main, elle avait une main ravissante, petite et délicate, blanche ; je ne pouvais la quitter. Son enfant était laid, il me faisait mal au cœur. Pour un *paolo* j'ai touché la main de cette belle, pendant que son mari se désespérait ; si j'avais été seul, je l'aurais embrassée ; je pensais à Ophelia. Pour un *paolo* !… et, bien sûr, à deux heures, quand le voiturier vient chercher sa proie, le Caron florentin fait payer aux morts leur passage : il ne lui aura pas laissé sa belle robe ; il l'aura dépouillée ; je pensais cela pendant que je lui tenais la main pour un *paolo* !

Lettre du 6 mai 1831
à six de ses amis

**Souvenirs de Byron**

*Le poète anglais Byron, qui vécut longtemps en Italie, inspira à Berlioz* Harold en Italie *(1834) et une ouverture d'abord intitulée* la Tour de Nice *(1844), puis rebaptisée en 1851* le Corsaire. *Les grands poèmes de Byron, figure rebelle et inspirée, comptaient, à la charnière des années 1820 et 1830, parmi les livres de chevet du musicien.*

Il ne faut pas s'étonner que la grande ombre de la Rome antique, qui, seule, poétise la nouvelle, n'ait pas suffi pour me dédommager de ce qui me manquait. On se familiarise bien vite avec les objets qu'on a sans cesse sous les yeux, et ils finissent par ne plus éveiller dans l'âme que des impressions et des idées ordinaires. Je dois pourtant en excepter le Colisée ; le jour ou la nuit, je ne le voyais jamais de sang-froid. Saint-Pierre me faisait aussi toujours éprouver un frisson d'admiration. C'est si grand ! si noble ! si beau ! si majestueusement calme !!! J'aimais à y passer la journée pendant les intolérables chaleurs de l'été. Je portais avec moi un volume de Byron, et m'établissant commodément dans un confessionnal, jouissant d'une fraîche atmosphère, d'un silence religieux, interrompu seulement à longs intervalles par l'harmonieux murmure des deux fontaines de la grande place de Saint-Pierre, que des bouffées de vent apportaient jusqu'à mon oreille, je dévorais à loisir cette ardente poésie ; je suivais sur les ondes les courses audacieuses du Corsaire ; j'adorais profondément ce caractère à la fois inexorable et tendre, impitoyable et généreux, composé bizarre de deux sentiments opposés en apparence, la haine de l'espèce et l'amour d'une femme.

Parfois, quittant mon livre pour réfléchir, je promenais mes regards autour de moi ; mes yeux, attirés par la lumière, se levaient vers la sublime coupole de Michel-Ange. Quelle brusque transition d'idées !!! Des cris de rage des pirates, de leurs orgies sanglantes, je passais tout à coup aux concerts des Séraphins, à la paix de la vertu, à la quiétude infinie du ciel… Puis, ma pensée, abaissant son vol, se plaisait à chercher, sur le parvis du temple, la trace des pas du noble poète… – Il a dû venir contempler ce groupe de Canova, me disais-je ; ses pieds ont foulé ce marbre, ses mains se sont promenées sur les contours de ce bronze ; il a respiré cet air, ces échos ont répété ses paroles… paroles de tendresse et d'amour peut-être… Eh ! oui ! ne peut-il pas être venu visiter le monument avec son amie, madame Guiccioli ? femme admirable et rare, de qui il a été si complètement compris, si profondément aimé !!! aimé !!!… poète !… libre !… riche !… Il a été tout cela, lui !… Et le confessionnal retentissait d'un grincement de dents à faire frémir les damnés.

*Mémoires*, chap. XXVI

## Shakespeare et l'Italie : une influence durable

En 1827, on avait aimé Shakespeare comme on avait aimé le spleen, les équipages à l'anglaise et l'allure « gentleman ». On s'était pris d'engouement pour Hamlet comme on s'était pris d'engouement pour Lord Byron ou Lord Seymour, on avait joué à Mercutio comme on avait joué au dandy. Le suicide fut à la mode à la ville comme à la scène. Berlioz, avec ses chantages au suicide, ses désespoirs, ses fureurs, ses enthousiasmes, ne joua-t-il pas à la fois l'« excentrique » à l'anglaise, et Roméo ou Lear ou Othello ?

Mais si le romantisme c'est l'anglomanie, c'est aussi, en parodiant Musset, le monde germanique, le monde celte, l'Italie, l'Orient, le Moyen Âge, la Renaissance, les temps bibliques. Berlioz comme les autres, est inspiré par l'outre-Rhin, l'outre-Monts, la terre d'Irlande, l'outre-Mer ; il va d'un siècle à l'autre, d'un poète à un autre. Et l'outre-Manche, c'est aussi, pour Berlioz, Walter Scott, Byron, Thomas Moore, qui hantent les pensées du compositeur et qui autour de 1827-1828 l'inspirent autant que le poète de Stratford. […]

En tout cas, Berlioz attendra deux ans après les représentations de l'Odéon pour composer sur des thèmes shakespeariens, et alors c'est *The Tempest* qui l'inspirera et non *Romeo and Juliet* ou *Hamlet*. Si Juliette chante, c'est derrière le masque de Marguerite ou de Cléopâtre ! Pour mieux exorciser le souvenir d'Ophélie ou de Juliette, Berlioz se tourne vers Ariel, étonnant androgyne qu'incarne Camille Moke. L'ouverture de *La Tempête* est plus un hommage à Camille qu'à Shakespeare. En fait le prophète, le mage admiré à l'Odéon est comme refusé alors que Berlioz tente d'oublier Harriet. Mais quand, huit ou neuf mois plus tard, l'amant trahi exhale sa douleur, c'est un *Roi Lear* qu'il compose, inspiré en particulier par une lecture qu'il fit à Florence. En 1833, c'est à un opéra sur *Much ado about nothing* qu'il songe [finalement composé en 1862] lorsqu'il va épouser Juliette. Il songera peut-être à un *Richard III* et aussi à un *Hamlet*, mais ce n'est qu'en 1848 qu'il composera la *Mort d'Ophélie* et la *Marche funèbre d'Hamlet*. Tout le séjour en Italie est, malgré Berlioz, sous le signe de *Roméo et Juliette*, mais à son retour le compositeur écrit *Harold en Italie*, puis *Benvenuto Cellini*. Il faudra attendre 1839, et le don de Paganini, pour que l'éblouissement de 1827 porte ses fruits et que *Roméo et Juliette* soit écrit.

Jacques Gury,
in *Romantisme* n° 12

# La plume de Barbey

*La publication d'une partie de la correspondance inédite de Berlioz, en 1878, suscita l'enthousiasme et l'admiration de Jules Barbey d'Aurevilly, qui, tout entier à son émotion, consacra au musicien un article passionné.*
*Cet hommage d'un écrivain à un compositeur au génie alors incomplètement reconnu s'adresse aussi bien à l'homme qu'à sa musique.*

Quoi qu'il fît, soit qu'il écrivît des *Mémoires* pour la postérité, soit qu'il parlât, dans des lettres, de cœur à cœur avec ses amis, Berlioz ne pouvait être que vrai comme la fougue, la colère, la furie, toutes les impétuosités d'une nature incoercible – que dis-je ? d'une nature qui était l'Incoercibilité elle-même !... Berlioz eut, toute sa vie, la vérité et la franchise du boulet plein qui sort du canon ; et, en effet, il n'y a que les boulets creux qui fassent des paraboles.

C'était un boulet plein, mais le boulet était sensible. Il n'était pas de fer, comme l'autre boulet. Voilà la différence ! Et quand il ne brisait pas tout sur son passage, il se brisait lui-même et versait du sang, comme un cœur... C'est qu'il en était un ! et gonflé de tout ce qui, en fait de sentiments, de palpitations, d'énergies et de puissances, ait jamais pu gonfler un cœur ! Les œuvres de Berlioz sont là pour attester son génie, mais il n'y a que la vie racontée dans ses *Mémoires*, ou prise dans la source, plus profonde et plus immédiatement jaillissante, de ses lettres, qui puisse attester toute son âme – cette âme de Berlioz étonnante, enthousiaste, douloureuse, exaspérée, terrible !... Berlioz, comme tant d'autres, aurait pu ne laisser que des œuvres, et parmi ceux qui savent le mieux ce que le génie coûte, personne n'aurait imaginé qu'il y eût, *par-dessous* ce génie, une pareille âme, plus surprenante et plus rare même que ce génie, et que ce génie, rigoureusement, n'impliquait pas...
Là est l'intérêt, l'intérêt immense de ces *Mémoires* et de ces lettres si vivantes, qui en confirment la vérité ; et quoique la musique, avec sa science, ses mystères, ses splendeurs, ses infortunes et ses fortunes, soit à toute page de ces *Mémoires* et de ces lettres ; quoique ce génie et cette âme ne respirent qu'à travers cette musique qui les divinisait,

ce n'est pas l'intérêt de la question d'esthétique qui domine ici, mais particulièrement l'intérêt de nature humaine. […]

Le génie dans les hommes, c'est comme la perle dans les huîtres. L'huître ne sait pas qu'elle y est. Nous non plus. On ne sait pas comment elle s'y est formée et pourquoi elle est là, dans cette vile écaille… Le génie était en Berlioz. Il y était plus fort que tout, et il emporta sa vie, comme l'Ange la tête par les cheveux du Prophète, l'arrachant aux plans de son père, qui était médecin et qui voulait que son fils fût médecin comme lui. […]

Il fut convulsif, sanglotant et sublime ! Berlioz, c'est la combustion spontanée, et ce n'est pas qu'il flambe qui étonne, c'est qu'il ait duré, salamandre et fournaise tout ensemble, et brûlé toute une vie de soixante-sept ans !!! C'était à Grenoble, dans sa province natale, où on lui donnait, à Berlioz, un festival orphéonique. « Qu'on se figure – dit Bernard – une salle resplendissante de lumières, ornée de tentures, une table chargée de mets délicats, une réunion de joyeux convives attendant un des leurs qui tarde à venir… Tout à coup, une draperie s'entr'ouvre et un fantôme apparaît. Le spectre de Banquo ? Non ! mais Berlioz, à l'état de squelette, le visage pâle et amaigri et les yeux vagues, le chef branlant, la bouche contractée par un amer sourire. On s'empresse autour de lui, on l'acclame, on lui prend les mains – ces mains tremblantes qui ont conduit à la victoire des armées de musiciens ! Un assistant dépose une couronne sur les cheveux blancs du vieillard. Il regarde d'un air étonné les amis, les compatriotes qui l'accablent d'hommages tardifs, mais sincères. On le félicite. Il paraît ne s'apercevoir de rien. Machinalement, il se lève pour répondre à des paroles qu'il n'a pas comprises… À ce moment, un vent furieux des Alpes s'engouffre dans la salle, soulève les rideaux, éteint les bougies ; les rafales soufflent au-dehors et des éclairs déchirent la nue, illuminent d'un fauve reflet les assistants muets et terrifiés. Au milieu de la tempête, Berlioz est resté debout. Il ressemble, environné de lueurs, au Génie de la Symphonie, auquel la puissante Nature fait son apothéose dans un décor de montagnes, et avec l'aide du tonnerre, musicien gigantesque ! » […]

Je l'ai vu une fois. Il me frappa beaucoup. Il était jeune encore ; c'était un blond roux, hérissé, crispé, anguleux. Il avait le bec de l'aigle et le poil du lion, et l'étrange aspect d'un animal héraldique. De froncement et d'expression, il ressemblait à ce lion qu'on a fait disparaître de la terrasse des Tuileries, qui mordait, en se rechignant, un serpent. Il en avait mordu, sans doute, mais encore plus de ces moucherons, *vil excrément de la terre*, qui faisaient rugir dans la fable le royal quadrupède et qu'il aurait dû dédaigner. Il ne le put pas. Là s'arrêta, contre ce fétu, le flot irrésistible de toutes les puissances de cet océan… Artiste énorme, cœur aux colères de Samson contre les Philistins, il ne décoléra jamais un seul jour, une seule minute de sa vie. Comment se serait-il apaisé ?… Il n'avait pas ce qui apaise. Homme sans foi de ces jours mauvais, il ne connaissait, comme les artistes de ce temps, que le Beau pour tout dieu, le Beau qu'ils produisent… Peut-être ne pensa-t-il jamais à Dieu qu'en écrivant *l'Enfance du Christ*, ce doux chef-d'œuvre. Et qui sait ? peut-être aussi, dans sa bonté, Dieu l'a-t-il pris pour une prière !…

Jules Barbey d'Aurevilly,
*Le Constitutionnel*, 16 décembre 1878

## BIBLIOGRAPHIE

### 1. Les partitions

Une nouvelle édition intégrale et critique des partitions de Berlioz (*New Berlioz Edition*, chez Bärenreiter) est en cours depuis 1967, sous la direction de Hugh Macdonald. Sur les 26 volumes prévus, est paru, notamment, le monumental catalogue des œuvres de Berlioz dû à D. Kern Holoman : désormais, outre son numéro d'opus, chaque œuvre de Berlioz est pourvue d'un autre numéro, précédé de la lettre H (exemple : *Te Deum*, op. 22, H 118).
En format de poche, les éditions Eulenburg proposent 4 volumes de la grande *New Berlioz Edition*. Les éditions Kalmus peuvent être utilisées pour les autres partitions.

### 2. Les ouvrages et écrits de Berlioz

– *Mémoires* (Flammarion, rééd. 2000).
– *Les Soirées de l'orchestre* (Gründ, 1968, ou Stock-Plus, 1980).
– *Les Grotesques de la musique* (Gründ, 1969).
– *À travers chants* (Gründ, 1971).
– *Traité d'instrumentation et d'orchestration*, suivi de *l'Art du chef d'orchestre* (Henry Lemoine).
– *Correspondance générale* (Flammarion, 7 vol. + un vol. de suppléments).
– *Cauchemars et Passions*, recueil d'articles rassemblés et présentés par Gérard Condé (Lattès, 1981).
– *Critique musicale*, intégrale des feuilletons écrits par Berlioz, sous la direction d'Yves Gérard (Buchet-Chastel, 10 vol. prévus).

### 3. Les ouvrages sur Berlioz

En français, la biographie de référence est celle de David Cairns parue dans une traduction de Dennis Collins : *Berlioz*, Fayard, 2 vol., 2002.
Le travail d'Adolphe Boschot, *l'Histoire d'un romantique, Hector Berlioz* (Plon, 3 vol.) est aujourd'hui introuvable. On se reportera toujours utilement au petit et dense ouvrage de Claude Ballif, *Berlioz* (Seuil, coll. « Solfèges », 1968). On citera aussi le recueil de huit articles, abondamment illustré, paru chez Hachette, *Berlioz* (coll. « Génies et Réalités », 1973) et le livre-disque de Christian Wasselin destiné aux enfants (*Hector Berlioz*, Gallimard, coll. « Découverte des musiciens », 1998).
Un *Dictionnaire Berlioz* est annoncé chez Fayard pour 2003.

En anglais, outre les deux volumes de David Cairns (*Berlioz : 1. The Making of an Artist, 2. Servitude and Greatness*, rééd. The Penguin Press, 1999), on citera le monumental *Berlioz and the Romantic Century* de Jacques Barzun (1950, rééd. Columbia University Press, New York, 1969), ainsi que l'excellent *Berlioz* de Hugh Macdonald (Dent, Londres, 1982) et le très riche *Berlioz* de D. Kern Holoman (Faber & Faber, Londres, 1989).

### 4. Les revues

– *La Revue musicale*, numéro spécial Hector Berlioz (1956).
– *Romantisme* n° 12 : Hector Berlioz (1976).
*Revue de musicologie*, tome LXIII, n° 1-2 : colloque Hector Berlioz (1977).
– *Silex* n° 17 : Hector Berlioz (1980).
– *L'Avant-Scène Opéra* a publié trois numéros consacrés à Berlioz : *La Damnation de Faust* (n° 22), *Les Troyens* (n°128-129) et *Benvenuto Cellini* (n° 142) ; un *Béatrice et Bénédict* est annoncé.
Est prévu aussi un *Cahier de l'Herne* consacré à Berlioz (2003), dirigé par Pierre-René Serna et Christian Wasselin.
L'Association nationale Hector Berlioz édite une série de Cahiers Berlioz.

## FILMOGRAPHIE

– *La Symphonie fantastique* de Christian-Jaque, avec Jean-Louis Barrault (1941).
– *Un Amour de Berlioz* de Georges Combe (1983-1988).

## ASSOCIATIONS & SITES INTERNET

– Association nationale Hector Berlioz, 69, rue de la République, 38260 La Côte-Saint-André ; tél. 04 74 20 24 88 (www.berlioz-anhb.com).
– La maison natale de Berlioz à La Côte-Saint-André (www.musee-hector-berlioz.com) est aussi un musée ouvert au public.
– Berlioz Society, 31, Doocot Road, St Andrews KY16 8QP, Scotland, UK (www.hberlioz.com ; adresse électronique : mmaustin@standrews.u-net.com) : elle propose le site le plus complet et le plus riche de liens.

## DISCOGRAPHIE

Pendant longtemps, seule une poignée d'interprètes a eu réellement à cœur de défendre les œuvres de Berlioz. Des chefs anglais comme Adrian Boult ou Thomas Beecham (selon qui, pour diriger Berlioz, il faut unir la plus grande délicatesse à la plus grande virilité), des Français comme Jean Fournet, Pierre Monteux ou Charles Munch (ce dernier représentant la tendance frénétique de la direction berliozienne), des personnalités comme celles d'Arturo Toscanini ou d'Hermann Scherchen, ont été des pionniers entre 1945 et les années 1960.

Mais c'est la figure désormais historique de Colin Davis qui a sans conteste renouvelé avec le plus d'énergie et d'élégance l'interprétation et la discographie en signant chez Philips un mémorable «cycle Berlioz».

D'autres chefs ont enregistré un certain nombre de disques qui méritent le détour, notamment Charles Dutoit, Eliahu Inbal, John Nelson et, sur instruments historiques, Roger Norrington et surtout John Eliot Gardiner. On attend que Simon Rattle et Marc Minkowski apportent leur contribution.

Au total, depuis plusieurs années, la discographie berliozienne s'est considérablement enrichie, quoique les chefs et leurs éditeurs continuent de privilégier les mêmes œuvres (la *Symphonie fantastique*, enregistrée cent cinquante fois depuis l'invention du disque!) au détriment d'autres partitions majeures comme les opéras de Berlioz : il n'existe que trois versions disponibles des *Troyens* (dont deux signées Colin Davis) et un seul enregistrement officiel de *Benvenuto Cellini* (Davis encore!), un second étant annoncé pour 2004, trente-deux ans après le premier.

Dans la sélection qui suit (qui ne tient pas compte des rééditions, nouveaux couplages, etc.), l'année d'enregistrement est indiquée quand le chef cité a signé plusieurs versions d'un même ouvrage. L'astérisque* signale les interprétations sur instruments d'époque.

**1. Les symphonies**

– *Épisode de la vie d'un artiste* (*Symphonie fantastique* et *Lélio*) : dir. Pierre Boulez, avec Jean-Louis Barrault en narrateur (Sony); dir. Eliahu Inbal, avec Daniel Mesguich (Denon); dir. Charles Dutoit, avec Lambert Wilson (Decca).

– *Symphonie fantastique* seule : dir. Thomas Beecham (Emi); dir. Charles Munch (RCA, 1962); dir. Colin Davis (Philips, 1974); dir. Roger Norrington* (Emi); dir. John Eliot Gardiner* (Philips); dir. Michael Tilson Thomas (RCA/BMG).

– *Harold en Italie* : dir. Colin Davis (Emi, 1963 et Philips, 1976); dir. John Eliot Gardiner* (Philips).

– *Roméo et Juliette* : dir. Colin Davis (Philips, 1968); dir. Charles Dutoit (Decca); dir. John Eliot Gardiner* (Philips).

– *Symphonie funèbre et triomphale* : dir. Colin Davis (Philips); dir. Charles Dutoit (Decca).

**2. Les opéras**

– *Benvenuto Cellini* : Nicolaï Gedda, Christiane Eda-Pierre, Jane Berbié, Jules Bastin, Robert Massard, Roger Soyer, dir. Colin Davis (Philips). À venir : dir. John Nelson (Emi).

– *Les Troyens* : Berit Lindholm, Josephine Veasey, Jon Vickers, dir. Colin Davis (Philips, 1969); Deborah Voigt, Françoise Pollet, Gary Lakes, dir. Charles Dutoit (Decca); Petra Lang, Michelle de Young, Ben Heppner, dir. Colin Davis (LSO live, 2000).

– *Béatrice et Bénédict* : April Cantelo, John Mitchinson, Josephine Veasey, dir. Colin Davis (Decca, 1963); Susan Graham, Jean-Luc Viala, Sylvia McNair, dir. John Nelson (Erato, avec les dialogues).

**3. Les œuvres religieuses**

– *Messe solennelle* : dir. John Eliot Gardiner* (Philips).

– *Requiem* : dir. Colin Davis (Philips); dir. Eliahu Inbal (Denon).

– *Te Deum* : dir. Colin Davis (Philips); dir. Claudio Abbado (DG). Avec les deux mouvements instrumentaux facultatifs : dir. Eliahu Inbal (Denon); dir. John Nelson (Virgin).

– *L'Enfance du Christ* : dir. Colin Davis (Decca, 1961); dir. John Eliot Gardiner (Erato); dir. Philippe Herreweghe* (Harmonia mundi).

## DISCOGRAPHIE (suite)

**4. Les œuvres pour voix et orchestre**

– *Huit Scènes de Faust* : dir. Yutaka Sado (Erato).

– *La Damnation de Faust* : David Poleri, Suzanne Danco, Martial Singher, dir. Charles Munch (RCA) ; Nicolaï Gedda, Josephine Veasey, Jules Bastin, dir. Colin Davis (Philips, 1973).

– *Les Nuits d'été*
• version pour quatre voix, avec l'intégrale des mélodies avec orchestre : dir. Colin Davis (Philips) ; dir. John Eliot Gardiner (Erato).
• version pour une seule voix : Eleanor Steber, dir. Dimitri Mitropoulos (+ autres mélodies, Sony) ; Régine Crespin, dir. Ernest Ansermet (+ Ravel, Decca) ; Anne-Sofie von Otter, dir. James Levine (+ autres mélodies, DG) ; Susan Graham, dir. John Nelson (+ airs, Sony) ; Véronique Gens, dir. Louis Langrée (+ *Cléopâtre*, Virgin).

– *Cléopâtre* : Anne Pashley, dir. Colin Davis (Decca, 1961, réédité avec la première *Enfance du Christ* de Colin Davis).

– *Herminie* : Mireille Delunsch, dir. Philippe Herreweghe* (+ *les Nuits d'été* par Brigitte Balleys, Harmonia mundi).

– *Les quatre cantates du prix de Rome* : dir. Jean-Claude Casadesus (Harmonia mundi).

– *La Mort d'Orphée*, *la Révolution grecque*, *le Cinq Mai*, *l'Impériale* : dir. Jean Fournet (Denon).

**5. Les autres œuvres**

– *Rêverie et caprice* : Yehudi Menuhin, dir. John Pritchard (Emi).

– *Ouvertures* : dir. Alexander Gibson (Chandos) ; dir. Colin Davis (Philips, 1965) ; dir. Charles Dutoit (Decca).

– *Tristia* : dir. Colin Davis (Philips) ; dir. John Eliot Gardiner* (Philips).

– *Irlande* : April Cantelo, Helen Watts, Robert Tear, Richard Salter, dir. John Eliot Gardiner (Decca, réédité avec le premier *Béatrice et Bénédict* de Colin Davis).

– *Œuvres pour chœur* : dir. Roger Norrington (Decca, réédité avec le *Requiem*, dir. Lorin Maazel).

– *Mélodies avec piano* : Isabelle Vernet (Ligia).

– *Mélodies* (anthologie) : Françoise Pollet, Anne-Sofie von Otter, John Aler, Thomas Allen (DG).

Les enregistrements dirigés par Colin Davis chez Philips ont été réédités sous la forme de trois coffrets très économiques. Par ailleurs, le cycle de concerts donné par le même Davis sous le titre « Berlioz Odyssey » au Barbican Centre, en 1999-2000, a fait l'objet de plusieurs publications dans le cadre de la collection « LSO live » (distribuée en France par Harmonia mundi) ; on trouve notamment dans ce cadre de fulgurants *Troyens*.

Sony a regroupé en trois disques les enregistrements effectués dans les années 1960 et 1970 par Pierre Boulez, qui a par ailleurs commencé un nouveau cycle chez DG.

Deux magnifiques enregistrements historiques signés Jean Fournet (*la Damnation*, 1943 ; *Requiem*, 1944) ont été réédités ensemble, à la fois par Malibran-Music et par Lys.

# TABLE DES ILLUSTRATIONS

## COUVERTURE



## OUVERTURE



## CHAPITRE 1



## CHAPITRE 2

peinture de Beckhauer. Coll. part.
**35hm** *Christophe Gluck*, peinture anonyme. Conservatoire Saint-Pierre, Naples.
**35hd** *Ludwig van Beethoven*, peinture de Joseph Stieler, 1819. Maison de Beethoven, Bonn.
**35b** François Habeneck, lithographie de Lange. Cabinet des estampes, BNF, Paris.
**36h** *Goethe dans la campagne*, peinture de Tischbein. Musée Goethe, Rome.
**36b** Les Romantiques, caricature, vers 1830. Musée Carnavalet, Paris.
**37** Marie Moke (M^me^ Camille Pleyel), lithographie de M. Alophe, 1845. Cabinet des estampes, BNF, Paris.
**38h** Partition d'orchestre, esquisse de la *Symphonie fantastique* d'Hector Berlioz. BNF, Paris.
**38b** *Franz Liszt en 1843*, aquarelle de Carl Hartmann. Maison de Franz Liszt, Weimar.
**39** *Groupe d'auditeurs pendant la première audition de la «7e Symphonie» de Beethoven au Conservatoire en 1840*, aquarelle d'Eugène Lami. Autrefois coll. André-Meyer, Paris.

## CHAPITRE 3

**40** *Portrait d'Hector Berlioz* par Signol, 1832. Académie de France à Rome.
**41** *Vue de la villa Médicis* par Dominique Ingres. Musée Ingres, Montauban.
**42-43** Vue de l'Académie de France à Rome, 17 avril 1858, sépia de Gustave Moreau. Musée Gustave-Moreau, Paris.
**43h** Horace Vernet par lui-même sous la forme d'un violon, dessin à la plume. Cabinet des estampes. BNF, Paris.
**44h** *La Campagne romaine et le Tibre* par J. M. W. Turner, aquarelle, 1819. British Museum, Londres.
**44b** *Saint-Pierre vue de la villa Barberini, idem. Ibidem.*
**45** *Goethe visitant le Colisée à Rome,* peinture de Haeckert. Musée Goethe, Rome.
**46** *Harriet Smithson*, portrait anonyme. Coll. part., Paris.
**47h** Mariage à l'église Saint-Roch à Paris, gravure d'Eugène Lami, 1842. Bibliothèque des Arts-Déco., Paris.
**47b** *Portrait de Monsieur Bertin* par Dominique Ingres, dessin dédié à M^lle^ Louise Bertin, 1832. Cabinet des dessins, musée du Louvre, Paris.
**48** Vue de la butte Montmartre vers 1830 par Daguerre. Musée Carnavalet, Paris.
**49** *Persée*, bronze de Benvenuto Cellini. Piazza della Signoria, Florence.
**50h** *Sara la Baigneuse*, couverture illustrée par G. Staal, 1850. Cabinet des estampes. BNF, Paris.
**50b** Portrait de Gioacchino Rossini jeune, lithographie d'Arthus. *Ibidem.*
**51** Paganini, dessin de Dominique Ingres, 1819. Cabinet des dessins, musée du Louvre, Paris.
**52-53** *Childe Harold's Pilgrimage* par J. M. W. Turner. Tate Gallery, Londres.
**54-55** *Dante et Virgile aux enfers* par Eugène Delacroix, 1822. Musée du Louvre, Paris.
**56-57** Un concert à la mitraille au Théâtre de Vienne, gravure en couleur de 1846 par A. Geiger d'après Cajetan, contrefaçon allemande de la gravure de Grandville. Bibliothèque de l'Opéra, Paris.
**58** Expédition de Constantine, fait d'armes du commandant Changarnier, 21 novembre 1835, gravure d'Épinal. Cabinet des estampes. BNF, Paris.
**58-59** *Esplanade des Invalides* par Garbizza. Musée Carnavalet, Paris.
**60h** Costumes de Paul Lormier pour *Benvenuto Cellini* : à gauche, Balducci; au centre, M^me^ Stoltz dans le rôle d'Ascanio; à droite, Benvenuto Cellini. Bibliothèque de l'Opéra, Paris.
**60b** Caricature de Berlioz par Benjamin, in *l'Album théâtral*, 1838. Cabinet des estampes. BNF, Paris.
**61hg** Costume de Paul Lormier pour *Benvenuto Cellini* : M. Martel dans le rôle du Ciseleur. Bibliothèque de l'Opéra, Paris.
**61hd** Affiche de la seconde représentation de *Benvenuto Cellini*, Académie royale de musique, 12 septembre 1838. *Ibidem.*
**61m** Costume de Paul Lormier pour *Benvenuto Cellini* : le Pape. *Ibidem.*
**62** Paganini au pied de Berlioz après l'exécution de la *Symphonie fantastique* au Conservatoire le 16 décembre 1838, gravure de S. Gap. *Ibidem.*
**63** Marie Recio, photographie de H. Lavaud. *Ibidem.*

## CHAPITRE 4

**64** Vue de Dresde, prise de la partie occidentale de la ville neuve, gravure colorée de Heinrich Rittner, 1813. Bibliothèque de Marmottan, Paris.
**65** Signature d'Hector Berlioz, 1843.
**66h** Esquisse de la *Symphonie fantastique* d'Hector Berlioz, partition d'orchestre, manuscrit autographe. BNF, Paris.
**66b** Caricature d'Hector Berlioz, dessin fait à La Côte-Saint-André par un Côtois, vers 1845. Musée Berlioz, La Côte-Saint-André.
**67** *Épisode de la vie d'un artiste*,

## CHAPITRE 5



## CHAPITRE 6



## TÉMOIGNAGES ET DOCUMENTS

**104h** *Les Troyens*, acte II, Nice, novembre 1989.
**104b** *Les Troyens*, Francfort, décembre 1983, photographie.
**105** *Les Troyens*, au Scottish Opera, 3 et 5 décembre 1990, photographie d'Eric Thorburn.
**106** Cérémonie à l'église des Invalides, gravure de 1837.
**109** Faust dans la prison de Marguerite, par Eugène Delacroix, 1828. BNF, Paris.
**111** Le spectre de Marguerite, *idem*. *Ibidem*.
**114** *La Symphonie fantastique*, film de 1941, CSFF.
**116** *Berlioz*, dessin à la plume de Léon Cogniet. Musée de la Musique de la Villette, Paris.
**118** Intérieur du théâtre de Leipzig, gravure de 1858. Bibliothèque de l'Opéra, Paris.
**121** Berlioz en Russie, photographie de Sergei Lewitzki. BNF, Paris.
**122** Berlioz dirigeant un concert de la Société philharmonique, dessin de Gustave Doré, 1850.
**124** *Berlioz et la muse* par Fantin Latour, vers 1870. BNF, Paris.
**127** *La Destruction de Babylone*, eau-forte d'après John Martin, 1830.
**128** *Berlioz*, gravure de Henri Dochy, d'après une photographie de Bertsch & Arnaud, 1856.
**130** Roméo et Juliette, gravure de A. Devéria, BNF, Paris.
**134** Étude pour *Jésus au milieu des docteurs* d'Ingres.
**138** Affiche du film de Christian-Jaque *La Symphonie fantastique*.

## INDEX

### A – B



### C



### D – E – F



### G



### H – I – J



### L – M

## CRÉDITS PHOTOGRAPHIQUES

Académie de France, Rome 40. Agence Enguerand/Bernand 1-5. Archives Gallimard dos. Artephot 39. BNF, estampes 12, 13, 14b, 22h, 23h, 31h, 32b, 34b, 35b, 37, 43h, 50b, 58h, 73h, 73b, 75h, 77, 86h, 90h, 92b. BNF, imprimés 79h, 86b, 91. BNF, musique 7, 38h, 50h, 60b, 65, 66h, 67, 83h, 92h, 93h. BNF, Opéra 20, 21h, 23b, 30, 57, 60h, 61, 62, 63, 72, 75b, 78-79, 80h, 87, 89, 90b. Bulloz 10, 35hg, 58-59, 84h. J.-L. Charmet 36b. Dagli-Orti 19, 24-25, 26-27, 31b, 34h, 35hm, 38b, 47h, 70, 74, 83b. DR 97, 99, 104b, 106hg, 106bg, 107hd, 107bd, 115, 120, 128, 130. Edimedia 44h, 44m, 95. Explorer Archives 21b, 64, 81. Giraudon 36h, 41, 45. Glasgow Picture Library 105. Lauros-Giraudon 11h, 15, 18, 22b, 29, 32h, 46, 48, 68-69. Lessing/Magnum 35hd. Musée de Grenoble 2^e plat. Musées d'art et d'histoire de Troyes 88. Musée Berlioz 9, 11b, 16, 17, 66b, 68h, 80b, 94. National Library of Scotland 28. Opéra de Nice 104h. RMN 8, 14h, 33, 42-43, 47b, 51, 54-55, 71, 76, 82, 85b, 96. Scala 1^er plat, 49. Tate Gallery, Londres 52-53.

## ÉDITION ET FABRICATION

**DÉCOUVERTES GALLIMARD**
COLLECTION CONÇUE PAR Pierre Marchand. DIRECTION Élisabeth de Farcy.
COORDINATION ÉDITORIALE Anne Lemaire. GRAPHISME Alain Gouessant.
COORDINATION ICONOGRAPHIQUE Isabelle de Latour.
SUIVI DE PRODUCTION Fabienne Brifault-Dandé. SUIVI DE PARTENARIAT Madeleine Gonçalves.
PROMOTION & PRESSE Flora Joly et Pierre Gestède.

**BERLIOZ, LES DEUX AILES DE L'ÂME**
ÉDITION Dominique Froelich et Romain Naudin.
ICONOGRAPHIE Christine de Bissy.
MAQUETTE (Corpus) Raymond Stoffel et Christophe Saconney (Témoignages et Documents).
LECTURE-CORRECTION Alexandre Coda et Pierre Granet.

# Table des matières